© 2025 K.M.

All rights reserved

ISBN : 978-2-3225-5781-3

Édition : BoD · Books on Demand, 31 avenue Saint-Rémy, 57600 Forbach, bod@bod.fr

Impression : Libri Plureos GmbH, Friedensallee 273, 22763 Hamburg (Allemagne)

Dépôt légal : Janvier 2025

Magie Noire Extrême de l'Afrique du Nord

K.M

Introduction

Invocation de jinn

Rituels visant à invoquer des djinn (esprits) à des fins bonnes et mauvaises, souvent effectués à l'aide d'encens ou de chants spécifiques.

Le but de ce sort est d'invoquer un djinn (esprit) à des fins positives ou négatives, selon l'intention derrière l'invocation. Les djinns peuvent fournir des conseils, des connaissances, de l'assistance ou, à l'inverse, apporter du mal, de la vengeance ou du malheur. L'intention du lanceur est cruciale, car elle influence le type de djinn qui sera invoqué.

Ingrédients:

Encens (Bukhoor) : Un mélange de bois parfumés et d'herbes, telles que l'oud, l'encens et la myrrhe, qui sont censés créer une atmosphère propice à l'invocation des esprits.

Bougie noire : Représente la porte d'entrée vers le monde des esprits et est utilisée pour concentrer les énergies pendant le rituel.

Un bol d'eau : Symbolise la pureté et sert de moyen de communication aux djinns.

Un miroir : Utilisé comme un portail permettant aux jinn d'entrer dans le royaume physique.

Une dague en argent ou un couteau rituel : Utilisé pour se protéger, marquer des limites ou couper à travers des voiles spirituels.

Un morceau de tissu (noir) : Représente le linceul entre le monde physique et le monde spirituel.

Craie ou sel : Pour dessiner des cercles protecteurs autour de l'espace rituel afin de contenir les djinns.

Objet sacrificiel : Un petit jeton (comme une offrande de miel, de pain ou d'un petit fruit) pour apaiser les djinns ou en invoquer un spécifique.

Mantra (en Français, arabe et berbère) :

Le mantra est une partie essentielle de l'invocation, car il sert de canal pour appeler les djinns. Les mots doivent être prononcés clairement, avec autorité et détermination.

Français :

"Ô esprits de l'invisible, je vous appelle à sortir de l'ombre. Je vous ordonne d'entrer dans ce royaume, de tenir compte de mes paroles et de vous montrer devant moi. Je t'offre ma volonté en échange de tes services.

Arabe (translittéré) :

« Ya arwah al-ghayb, atlu' ilaykum an takhruju min al-zilal. Amurukum an tadkhulu hadha al-'alam, isma'u kalami, wa 'arifukum fi hadhihi al-makan.

(يا أرواح الغيب، أتلو عليكم أن تخرجوا من الظلال. آمركم أن تدخلوا هذا العالم، اسمعوا كلامي، وأريكم في هذا المكان.)

Berbère (tamazight) :
"Aytma n tmeddurt, anerkman kra n ssekkin, ad yili-nni seg ujri n tmurt. Ixtmumen ur s wawal-i, ton ziri umid.

Réalisation:

Préparez l'espace : Installez-vous dans un endroit calme et non perturbé. Nettoyez la pièce en brûlant de la sauge ou une autre herbe purifiante. Dessinez un grand cercle de protection sur le sol à l'aide de craie ou de sel. Placez le chiffon noir au centre du cercle.

Définissez l'intention : Tenez-vous au centre du cercle, fermez les yeux et prenez trois respirations profondes. Concentrez vos pensées sur le but de l'invocation des djinns. Est-ce pour se guider, se protéger ou se venger ? Plus l'intention est précise, plus le sort sera puissant.

Allumez l'encens : Allumez l'encens ou le bukhoor et laissez la fumée remplir l'espace. La fumée agit comme un moyen d'atteindre le monde des esprits.

Préparez l'offrande : Placez l'offrande (miel, pain, fruits) au centre du cercle sur le chiffon noir. Cette offrande sert de moyen de gagner la faveur et l'attention des djinns.

Invoquez les djinns : tenez-vous droit, face au miroir, et récitez le mantra à haute voix, en concentrant toute votre énergie sur les mots. Chantez le mantra dans chaque langue, d'abord en Français, puis en arabe et enfin en berbère. Répétez le mantra trois fois pour une invocation plus forte.

Attendez la réponse : Après le chant final, restez silencieux et observez le miroir. Vous pouvez voir des formes, des ombres changeantes ou entendre des bruits étranges. C'est un signe que le djinn est présent.

Demandez le résultat souhaité : Exprimez votre demande à haute voix, en gardant un ton ferme et respectueux. Soyez clair sur vos besoins. Si le sort est pour des raisons positives (comme des conseils), demandez de la sagesse. Si c'est à des fins négatives, soyez prudent, car vous pourriez inviter des forces malveillantes.

Renvoyez les djinns : Lorsque le rituel est terminé, terminez toujours en remerciant les djinns, qu'ils aient répondu à votre demande ou non. Pour clore le rituel, dites ce qui suit :

« Je vous libère de ce royaume. Retournez à votre lieu d'origine. Que la paix soit avec vous.

Nettoyez la zone : Une fois le rituel terminé, éteignez la bougie et l'encens. Nettoyez l'espace avec plus de sauge ou de fumée de purification, et essuyez toutes les marques de craie ou de sel. Laissez l'offrande dans le cercle en signe de gratitude.

Horaire/Calendrier :

Temps : Le meilleur moment pour effectuer une invocation de jinn est pendant la nuit, en particulier vers minuit lorsque le voile entre le monde physique et le monde spirituel est censé être le plus mince. Évitez les pleines lunes, car les jinn sont considérés comme plus imprévisibles pendant cette période.

Jour de la semaine : Effectuer le sort le mercredi ou le samedi est considéré comme le plus efficace, car ces jours sont associés à la fois à la lune et aux énergies mystérieuses.

Fréquence : L'invocation de jinns doit être effectuée avec parcimonie. Les invocations répétées peuvent risquer d'attirer une attention indésirable ou des djinns malveillants, surtout si l'intention est sombre.

Conclusion:

L'invocation de jinns est un rituel puissant et dangereux qui peut conduire à des résultats positifs et négatifs. Le lanceur doit toujours être conscient des conséquences potentielles et procéder avec prudence. Les aspects les plus importants d'une invocation réussie sont la clarté de l'intention et le respect des esprits appelés. Si le lanceur abuse du pouvoir des djinns, il peut s'attirer le malheur, des entités malveillantes ou même du mal.

Sorts d'amour (Sihr al-Hawa)

Sorts visant à faire tomber quelqu'un amoureux ou à devenir obsédé par une personne, souvent à l'aide de cheveux ou d'objets personnels.

Le but de ce sort est de faire en sorte qu'une personne tombe amoureuse du lanceur ou devienne émotionnellement attachée ou obsédée. Il est souvent lancé à l'aide d'objets personnels, tels que des cheveux, des vêtements ou d'autres objets intimes, censés relier le lanceur et la cible à un niveau spirituel plus profond. On dit que le sort influence les émotions de la cible, l'amenant à penser constamment au lanceur et à le désirer.

Ingrédients :

Une mèche de cheveux des deux parties : Les cheveux, en particulier ceux de la cible, sont censés contenir une énergie puissante et sont souvent utilisés dans la magie de l'amour pour créer un lien.

Miel : Symbolise la douceur, l'attraction et l'amour. Il est utilisé pour « adoucir » les sentiments de la cible.

Pétales de rose : Un symbole traditionnel d'amour, d'attraction et de beauté. Ils renforcent l'énergie romantique du sortilège.

Bougie rouge : Représente l'amour, la passion et les désirs forts. La flamme rouge canalise la force du sort.

Objet personnel de la cible : Un petit morceau de vêtement de la cible, une bague ou un autre objet personnel qui a touché sa peau ou qui a une valeur sentimentale.

Une petite feuille de papier : Pour écrire le nom de la cible et une brève description du résultat souhaité.

Cannelle : Connue pour son association avec l'attraction et les sorts d'amour, la cannelle peut aider à amplifier les effets du sort.

Un petit miroir : Pour refléter les émotions et les pensées de la cible.

Une ficelle rose ou rouge : Symbolise le lien qui liera émotionnellement le lanceur et la cible.

Mantra (en Français, arabe et berbère) :

Le mantra est essentiel pour concentrer l'intention du lanceur et diriger la magie. Les mots doivent être prononcés avec passion et une intention claire.

Français:

« Avec ce fil, je vous lie à moi. Ton cœur battra pour le mien, tes pensées chercheront le mien. Doux comme le miel, doux comme des pétales de rose, puisses-tu tomber amoureux de moi.

Arabe (translittéré) :

« Bi hadhihi al-khatt, urtibu ka ilayya. Qalbak sayadhibu li, wa afkark sa'iyu ilayya. Kamma huwa aussi doux que du miel, kama huwa na'im k az-zahr, sayuhibbu ka.

(بِهَذِهِ الْخَطَّةِ، أَرْتَبِكَ إِلَيَّ. سَيَذِبُ قَلْبَكَ لِي، وَأَفْكَارَكَ سَتَسْعَى إِلَيَّ. كَمَا هُوَ حُلْوٌ كَالْعَسَلِ، كَمَا هُوَ نَاعِمٌ كَالزَّهْر، سَيُحِبُّكَ)

Berbère (tamazight) :

« Aytma n tmeddurt, yiman n talwit ad yessin deg-wi. Afus-i yuli azen, tmeddurt-i yuli kra. Akkin azen am hirba, akkin as-nuss aznagh.

Réalisation:

Préparez l'espace : Choisissez un endroit calme et privé où vous ne serez pas dérangé. Nettoyez la zone en brûlant de l'encens (comme la rose ou le jasmin) pour créer une atmosphère propice à l'amour et à l'attraction.

Disposez les objets : Placez la bougie rouge au centre de l'espace de travail et allumez-la. Entourez la bougie de pétales de rose et d'un cercle de cannelle. Posez la mèche de cheveux, l'objet personnel de la cible et le morceau de papier avec son nom à l'intérieur du cercle.

Créez le lien : Prenez la ficelle rouge ou rose et attachez-la à l'objet personnel de la cible (comme un morceau de son vêtement ou une mèche de ses cheveux). Ce faisant, chantez le mantra doucement mais avec émotion, en vous concentrant sur la connexion entre vous et la cible.

Placez le miroir : Placez le miroir du côté opposé de la bougie, face à la flamme. On pense que le miroir reflète les émotions de la cible, améliorant ainsi la connexion entre vous.

Concentrez-vous sur la flamme de la bougie : Asseyez-vous tranquillement, en vous concentrant sur la flamme de la bougie et les objets qui l'entourent. Pendant que vous vous concentrez, visualisez la cible penser à vous, se sentir attirée par vous et se consumer d'amour ou de désir pour vous.

Exprimez vos intentions : Tenez l'objet personnel de la cible et dites à haute voix ce que vous désirez, qu'il s'agisse qu'il tombe amoureux, qu'il pense constamment à vous ou qu'il ressente une attirance incontrôlable. Soyez précis sur les sentiments que vous souhaitez qu'ils ressentent.

Scellez le sort : Une fois que vous avez exprimé vos désirs à haute voix, attachez la ficelle autour de l'objet personnel et dites :

« Comme cette corde nous lie, ton cœur sera lié au mien. Ainsi est-il dit, ainsi sera-t-il.

Éteignez la bougie : Laissez la bougie brûler le plus longtemps possible pendant que vous continuez à vous concentrer sur vos désirs. Une fois que vous sentez que l'énergie a été entièrement canalisée, éteignez la bougie et récupérez les objets personnels, en les plaçant ensemble dans une petite pochette ou un sac.

Horaire/Calendrier :

Temps : Le meilleur moment pour effectuer un sort d'amour est pendant la lune croissante (lorsque la lune passe de nouvelle à pleine), symbolisant la croissance et l'attraction. Évitez de le faire pendant la lune décroissante, car c'est une période de fin et de bannissement.

Jour de la semaine : Le vendredi est le jour idéal pour jeter un sort d'amour, car il est gouverné par Vénus, la planète de l'amour et de l'attraction.

Fréquence : n'exécute le sort qu'une seule fois. Les sorts d'amour, en particulier ceux destinés à créer de l'attachement ou de l'obsession, ne doivent pas être lancés à plusieurs reprises, car ils peuvent avoir des conséquences négatives ou déséquilibrer les émotions de la cible.

Conclusion:

Un sort d'amour (Sihr al-Hawa) est une forme de magie puissante et chargée d'émotion, capable de créer des liens profonds entre les individus ou d'influencer les sentiments de quelqu'un. Bien qu'il puisse être utilisé pour des intentions authentiques et aimantes, il comporte également un risque de manipulation et d'obsession. Le lanceur de sorts doit toujours se rappeler que l'amour doit venir naturellement et librement, et forcer le cœur de quelqu'un peut entraîner des conséquences inattendues, y compris une rétribution karmique ou une perte de véritable connexion.

La malédiction du mauvais œil (Ayn al-Sharr)

Un sort pour apporter du malheur ou du mal à quelqu'un en invoquant le pouvoir du mauvais œil. C'est courant dans de nombreuses cultures d'Afrique du Nord.

Le but de ce sort est d'apporter du malheur ou du mal à un individu qui a soit fait du tort au lanceur, soit perçu comme une menace. La malédiction du mauvais œil fonctionne en transférant de l'énergie négative sur la cible, ce qui lui fait ressentir de la malchance, de la maladie ou des troubles émotionnels. Ce sort est souvent utilisé lorsque le lanceur se sent jaloux, envieux ou trahi par la cible.

Ingrédients:

Une bougie noire : Représente l'énergie sombre envoyée à la cible. Les bougies noires sont souvent utilisées dans les malédictions et la magie négative pour absorber et diriger les forces malveillantes.

Un morceau de tissu (noir) : Utilisé pour emballer un objet personnel ou pour symboliser le linceul de négativité qui enveloppera la cible.

Une épingle ou une aiguille : Pour piquer ou percer, symbolisant le regard perçant du mauvais œil.

Un miroir : Symbolise la réflexion, et il peut être utilisé pour réfléchir l'énergie négative sur la cible.

Une petite pierre noire ou une agate : pour piéger et canaliser l'énergie maléfique avant de l'envoyer à la cible.

Un objet personnel de la cible : Un petit morceau des effets personnels de la cible, comme une mèche de cheveux, un vêtement ou même quelque chose qui est entré en contact avec eux.

Sel : Pour purifier et protéger le lanceur de sorts contre tout retour de flamme de la malédiction. Le sel est également utilisé pour bloquer l'énergie positive.

Ail ou oignon : L'ail et l'oignon sont tous deux couramment utilisés dans les sorts de protection et de malédiction, car on pense qu'ils absorbent l'énergie négative et peuvent être utilisés pour « repousser » les forces nuisibles.

Un petit bol d'eau : Représente l'élément eau, qui est utilisé dans certaines malédictions pour « emporter » la fortune de la victime.

Craie ou sel : pour dessiner un cercle protecteur autour de l'espace de travail et protéger le lanceur de toute réaction potentielle de la malédiction.

Mantra (en Français, arabe et berbère) :

Le mantra sert de canal pour diriger l'énergie maléfique vers la cible, invoquant le pouvoir du mauvais œil.

Français :

« Avec le regard de l'envie, j'envoie cette malédiction. Que le mauvais œil vous suive, apportant malheur et chagrin. Que vos jours soient remplis de malchance, que vos nuits soient agitées et que votre chemin soit bloqué.

Arabe (translittéré) :

« Bi nazrat al-'ayn, ursil hadhihi al-lana'a. Li-talqa'uka al-'ayn al-hashra, tajlib laka al-sharr wa al-shaqa'. Li-takun ayyamik mal'aba bil-maqdar, wa layalik mal'aba bil-dhi'bah, wa tariqak maqfool.

(بِنَظَرَةِ الْعَيْنِ، أُرْسِلُ هَذِهِ اللَّعْنَةِ. لِتَلْقَاكَ الْعَيْنُ الْحَشْرَةِ، تَجْلِبُ لَكَ الشَّرَّ وَالشَّقَاءَ. لِيَكُنْ أَيَّامُكَ مَلْءَى بِالْمَقَدَّرِ، وَلَيَالِيكَ مَلْءَى بِالذِّئْبَةِ، وَطَرِيقُكَ مَقْفُولٌ.)

Berbère (tamazight) :

"Iznay n tmeddurt, ad yili-nni amqqar. Ad yimi nni amqqar, ad ikka yas en llan alqawal wa asfawt. Aya iḍewwen i wayes, ad fuḥḥu i teqsa, wakka ur nexxeq.

Réalisation :

Préparez l'espace : Commencez par nettoyer l'espace avec de l'encens (de préférence de la myrrhe ou de l'encens) pour purifier l'air. Tracez un cercle protecteur autour de l'espace rituel avec du sel ou de la craie, en vous assurant qu'il gardera la malédiction contenue et vous protégera de toute réaction négative.

Définissez l'intention : Asseyez-vous dans un état calme et concentré et concentrez-vous sur la cible. Visualisez-les clairement dans votre esprit, en les imaginant souffrir de l'énergie négative qui leur sera envoyée. Concentrez-vous sur le malheur, la maladie ou le chagrin que vous souhaitez leur apporter.

Préparez la malédiction :

Placez la pierre noire ou l'agate au centre du cercle, symbolisant le piège de l'énergie maléfique.

Entourez la pierre de l'objet personnel de la cible et de l'ail ou de l'oignon, qui absorbera la négativité envoyée.

Allumez la bougie noire, en vous concentrant sur la flamme au fur et à mesure que l'énergie de la malédiction s'accumule.

Piquez l'objet personnel de la cible : Prenez l'aiguille ou l'épingle et piquez l'objet personnel de la cible (comme un morceau de son vêtement ou une mèche de cheveux). Chaque piqûre symbolise un « regard perçant » du mauvais œil.

Chantez le mantra : Avec l'aiguille à la main, chantez le mantra à haute voix, en concentrant toute votre énergie sur la cible et le mal que vous souhaitez causer. Dites le mantra trois fois, avec conviction, pour rendre la malédiction plus puissante.

Rituel de l'eau : Une fois le chant terminé, prenez le petit bol d'eau et saupoudrez-le légèrement sur l'objet personnel et la pierre noire, symbolisant la malédiction qui est « lavée » sur la cible. Cela peut également être utilisé pour « sceller » la malédiction.

Fermez le cercle : Une fois le rituel terminé, éteignez la bougie noire, symbolisant l'activation de la malédiction. Nettoyez à nouveau l'espace en purifiant la zone avec de la sauge ou plus d'encens.

Débarrassez-vous des matériaux : L'objet personnel et l'ail/oignon doivent être enterrés ou jetés à un carrefour ou dans un endroit où ils ne retourneront pas au lanceur. La pierre noire ou l'agate peut être conservée pour une utilisation future dans les malédictions ou peut également être éliminée.

Horaire/Calendrier :

Temps : Le meilleur moment pour effectuer cette malédiction est pendant la lune décroissante (lorsque la lune diminue de pleine à nouvelle), symbolisant la diminution de la puissance ou la bonne fortune de la cible.

Jour de la semaine : Le mardi est considéré comme le jour le plus puissant pour effectuer des malédictions, car il est associé à Mars, la planète du conflit et de la destruction.

Fréquence : Cette malédiction ne doit être effectuée qu'une seule fois. Les tentatives répétées de maudire le même individu peuvent entraîner des représailles ou des conséquences spirituelles indésirables.

Conclusion:

La malédiction du mauvais œil (Ayn al-Sharr) est un sort puissant et dangereux qui canalise l'énergie négative vers une cible, lui causant de la malchance, de la malchance ou même des dommages physiques ou émotionnels. La malédiction du mauvais œil fonctionne par l'envie et l'intention malveillante, reflétant souvent les sentiments de jalousie ou de colère du lanceur.

Maléfice et liaison (Sihr al-Tawarruq)

Une forme de magie noire où le praticien utilise des objets symboliques, tels que des serrures ou des nœuds, pour lier la volonté de quelqu'un ou le maudire.

Le but de Sihr al-Tawarruq est de lier ou de restreindre la volonté d'une personne, l'amenant à se soumettre aux désirs du lanceur de sorts ou à créer des obstacles dans sa vie. Cela peut être utilisé à diverses fins, comme empêcher quelqu'un de réussir, causer de la confusion ou de la malchance, ou le forcer à suivre un certain chemin. L'aspect contraignant peut également être utilisé pour empêcher quelqu'un d'agir contre la volonté du lanceur ou pour restreindre sa liberté d'une manière ou d'une autre.

Ingrédients:

Une serrure ou une clé : Symbolise la restriction, le contrôle et l'enfermement. La serrure représente la personne ligotée, tandis que la clé représente la capacité du lanceur à contrôler l'individu.

Ficelle ou fil (noir ou rouge) : Utilisé pour faire des nœuds, qui symbolisent la liaison de la volonté ou de la vie de la cible. Le fil noir est souvent utilisé pour les malédictions, tandis que le fil rouge peut représenter le contrôle ou la domination.

Un objet personnel de la cible : un vêtement, un cheveu ou quelque chose qui appartient à la cible. Cet objet agit comme une connexion à leur énergie et aide à ancrer le sort.

Une bougie (noire ou rouge foncé) : utilisée pour canaliser l'énergie du sort. Une bougie noire symbolise les forces obscures utilisées pour lier et contrôler, tandis qu'une bougie rouge foncé représente le pouvoir et la domination.

Une feuille de papier et un stylo : Pour noter le nom et les intentions de la cible. Le papier est symbolique de la vie ou du chemin de la cible.

Sel : Utilisé pour la protection. Le lanceur utilisera souvent du sel pour parer à tout contrecoup potentiel ou pour créer une barrière protectrice autour de lui pendant le sort.

Un petit morceau de métal ou de fer : Symbolise la nature incassable de la reliure, car le métal est associé à la force et à la permanence.

Cannelle : Utilisé pour ajouter de la puissance et de la force au sort, car la cannelle est une substance forte qui peut amplifier la magie.

Vinaigre ou herbe amère : Utilisé pour aigrir ou empoisonner la vie de la cible, rendant sa situation difficile ou inconfortable.

Mantra (en Français, arabe et berbère) :

Le mantra aide à concentrer l'intention du lanceur sur la volonté de la cible ou de la maudire. Il faut le dire avec conviction et précision.

Français:

« Avec ces nœuds, je lie ta volonté. Aucun chemin ne s'ouvrira à toi sans mon consentement. Vous êtes liés par mon pouvoir, et chacun de vos pas sera sous mon contrôle. Que le verrou du destin ne se défasse jamais jusqu'à ce que je vous libère.

Arabe (translittéré) :

« Bi hadhihi al-'uqad, urtibu iradatuka. La tariqa tanfathi laka illa bi-muwafaqati. Anta maqsud bi-quwwati, wa kulla khatwa laka takun that 'izzati. Li-luqdat al-masir, la tatafatta hatta urfajuka.

(بِهَذِهِ الْعُقَدِ، أَرْتَبِطُ إِرَادَتَكَ. لَا تَنْفَتُ طَرِيقَ لَكَ إِلَّا بِمُوَافَقَتِهِ. أَنْتَ مَقْصُودٌ بِقُوَّتِي، وَكُلَّ خُطْوَةٍ لَكَ تَكُونُ تَحْتَ عِزَّتِي. لِلْقُدْرَةِ عَلَى الْمَصِيرِ، لَا تَتَفَتَّتْ حَتَّى أَفْرَجُكَ.)

Berbère (tamazight) :

"Aytma n ttugda, ad yili-nni aqli. Ur neqqar ad yiyi tawuri nagh. Lmagh dhur n wudayyi, ad wiyyi am ifyaden.

Réalisation:

Préparez l'espace : Commencez par dégager la zone et mettre en place un espace sûr où vous pouvez vous concentrer sans distractions. Allumez la bougie noire ou rouge, symbolisant la force obscure qui liera la volonté de la cible.

Créez le symbole de liaison :

Prenez le morceau de ficelle ou de fil et faites-y neuf nœuds. Au fur et à mesure que vous faites chaque nœud, visualisez la cible devenant de plus en plus restreinte et contrôlée par votre volonté. Chaque nœud représente un blocage ou un obstacle dans leur vie.

Placez le verrou sur le fil et tenez-le fermement, symbolisant le verrou sur la liberté ou la volonté de la cible. Cette serrure est la clé de leur assujettissement.

Écrivez le nom de la cible : Sur la feuille de papier, écrivez le nom de la cible et ce que vous souhaitez qu'il lui arrive (par exemple, « Tu ne me défieras plus » ou « Tu feras ce que je t'ordonnerai »). Concentrez-vous sur les mots pendant que vous les écrivez, en chargeant le papier d'intention.

Scellez la malédiction : prenez l'objet personnel de la cible et placez-le à côté du morceau de papier, symbolisant ainsi le fait que son énergie est liée à la malédiction. Tenez la serrure et la clé au-dessus du papier et récitez le mantra à haute voix, en vous concentrant sur la liaison et l'assujettissement de la cible.

Fermez la reliure : Une fois que le mantra a été prononcé trois fois, utilisez la pierre noire ou le morceau de métal pour verrouiller symboliquement la malédiction en place. Vous pouvez appuyer la pierre sur l'objet personnel ou le papier de la cible comme un acte symbolique de finalisation du sort.

Concentrez-vous sur l'énergie : En vous concentrant sur l'énergie de la cible piégée et contrôlée, visualisez sa vie devenir plus difficile, sa volonté s'affaiblir et son chemin bloqué par des obstacles qu'elle ne peut pas surmonter. Sentez leur puissance se dissiper au fur et à mesure que le sort de liaison fait effet.

Scellez le sort : Laissez la bougie brûler complètement, en visualisant le sort se scellant de lui-même lorsque la flamme s'éteint. Une fois la bougie éteinte, la malédiction a été entièrement lancée.

Horaire/Calendrier :

Temps : Le meilleur moment pour effectuer Sihr al-Tawarruq est pendant la lune décroissante (de la pleine à la nouvelle), symbolisant la diminution du pouvoir ou de l'influence de la cible.

Jour de la semaine : samedi, car il est associé à Saturne, la planète de la restriction, des limites et des limitations.

Fréquence : Comme beaucoup de rituels de magie noire, Sihr al-Tawarruq ne doit être effectué qu'une seule fois. Des sorts de liaison répétés peuvent se retourner contre vous ou entraîner des conséquences inattendues.

Conclusion:

Le maléfice et la liaison (Sihr al-Tawarruq) est un puissant rituel de magie noire qui consiste à contrôler ou à maudire une autre personne en liant sa volonté ou en restreignant sa vie d'une manière ou d'une autre. Cette forme de magie est souvent utilisée lorsque le lanceur se sent menacé, trahi ou jaloux, et elle peut apporter des résultats puissants si elle est exécutée avec précision et intention. Cependant, le lanceur doit être prudent, car lier la volonté ou la vie de quelqu'un peut avoir des conséquences karmiques, entraînant un contrecoup spirituel ou émotionnel.

Sorts de protection

Il s'agit d'invoquer des esprits protecteurs ou des divinités spécifiques pour se prémunir contre les malédictions, les djinns ou les dommages causés par les ennemis.

Le but des sorts de protection est de créer une barrière ou un bouclier invisible autour de l'individu, en éloignant les influences maléfiques, les malédictions, les esprits malveillants (comme les jinns) ou les dommages causés par les ennemis. L'énergie protectrice peut prendre la forme d'un gardien spirituel, d'une amulette ou d'un talisman, garantissant que le lanceur reste en sécurité et à l'abri du mal.

Ingrédients:

Une bougie blanche : Représente la pureté, la lumière et la protection divine. La bougie blanche est couramment utilisée dans les sorts de protection car elle canalise l'énergie positive et repousse la négativité.
Encens ou encens à la myrrhe : Ils sont utilisés pour purifier l'espace, créer une atmosphère spirituelle et invoquer la protection divine. Ces résines sont souvent brûlées lors de rituels de protection pour invoquer des esprits protecteurs ou des divinités.

Sel : Utilisé pour créer une barrière protectrice. Le sel est connu pour sa capacité à purifier les espaces et les personnes, en absorbant l'énergie négative et en l'empêchant de pénétrer dans l'espace du lanceur.

Une image ou une statue d'une divinité ou d'un esprit protecteur : Dans les traditions nord-africaines, un puissant esprit protecteur (comme Al-Khidr, le saint vert dans la tradition islamique) ou des divinités liées à la protection, comme les saints marabouts, peuvent être invoqués pendant le rituel.

Un miroir : Utilisé pour renvoyer toute énergie nuisible, malédiction ou djinn vers leur source, protégeant efficacement le lanceur en déviant les dommages.

Huile d'olive : L'huile d'olive est souvent utilisée dans les rituels de protection pour son association spirituelle avec la paix, la guérison et la bénédiction divine. Il est souvent oint sur le corps, des talismans ou des objets de protection.

Une amulette protectrice ou un talisman (par exemple, la main Hamsa ou l'œil de Fatima) : Ce sont des symboles puissants utilisés dans la culture nord-africaine pour éloigner le mauvais œil et protéger le porteur des influences négatives.

Un petit bol d'eau : L'eau symbolise la purification et est souvent utilisée pour nettoyer l'espace ou le lanceur avant et après l'exécution du rituel. Il peut également servir à « sceller » la protection une fois invoquée.

Basilic ou feuilles de laurier : Utilisés pour leurs propriétés protectrices. Les feuilles de basilic sont connues pour repousser les influences négatives, tandis que les feuilles de laurier sont souvent brûlées pour augmenter la protection et invoquer une aide spirituelle.

Un bijou ou un vêtement personnel : Souvent, un bracelet ou un vêtement porté par le lanceur, car il sert à relier le rituel à la personne en quête de protection.

Mantra (en Français, arabe et berbère) :

Le mantra est récité pour invoquer la protection divine, appelant les esprits ou les divinités à protéger le lanceur de mal.

Français:

« Par la lumière du divin, j'invoque les esprits de protection. Que les forces du bien m'entourent, en éloignant tout mal. Que la lumière de la pureté garde mon âme, et qu'aucune malédiction, aucun djinn ou aucun ennemi ne croise mon chemin. Je suis protégé et protégé par les pouvoirs de l'invisible.

Arabe (translittéré) :

« Bi noor al-ilah, ad'oo arwah al-hifaz. Li-yuhita bi-quwwat al-khayr, wa yadfa' annee al-sharr. Li-yakun noor al-tahara yuhamee ruhi, wa laa yatajawaz al-lana'a, al-jinn, wa al-a'ada tariqi. Ana mahfuz wa mahmiy bya quwwat al-ghayb.

(بِضُوءِ الإلَاهِ أَدْعُو أَرْوَاحَ الحِفَاظِ ،لِيُحيطَ بِقُوَّةِ الخَيْرِ ،وَيَدْفَعَ عَنِّي الشَّرَّ. لِيَكُنْ نُورُ الطَّهَارَةِ يُحَامِي رُوحِي، وَلَا يَتَجَاوَزُ اللَّعْنَةُ ،الجِنِّ، وَالأَعَادَاءُ طَرِيقِي. أَنَا مَحْفُوظٌ وَمَحْمِيٌّ بِقُوَّةِ الغَيْبِ.)

Berbère (tamazight) :

"Aytma n tsayt, ad yili-nni amqqar n ttugda. Lmagh iḍewwen i daxa n uzamma, asennus leḥsa. Aytma n tilawin, amqqar asnawen ad zru təẓẓin.

Réalisation:

Préparez l'espace : Commencez par nettoyer l'espace à l'aide d'encens (encens ou myrrhe). Cela purifie l'environnement et crée une atmosphère spirituelle pour le sort de protection. Tracez un cercle protecteur autour de votre espace de travail à l'aide de sel ou de craie, ce qui aidera à éloigner les énergies négatives.

Fixez l'intention : Concentrez votre esprit et votre cœur sur l'objectif de protection. Visualisez-vous entouré d'un bouclier radieux et impénétrable de lumière divine. Méditez pendant quelques minutes pour vous centrer et vous aligner avec les énergies de protection.

Invoquez l'esprit protecteur ou la divinité :

Si vous invoquez une divinité spécifique comme Al-Khidr, les saints marabout ou tout autre esprit protecteur, allumez la bougie blanche en leur honneur.

Offrez une prière ou un chant pour invoquer leur présence, leur demandant de vous protéger du mal et de placer un bouclier autour de vous. Par exemple:

Arabe (translittéré) : « Ya Al-Khidr, ya safi, ya ruh al-quddus, ithmara ilayya wa ihfazhni min al-sharr wa al-jinn. »

(يا الخضر، يا صفِي، يا روح القدس، إثِمر إليّ واحفظني من الشر والجن.)

Cela signifie : « Ô Al-Khidr, ô le pur, ô esprit du sacré, viens à moi et protège-moi du mal et des djinns. »

Onction à l'huile d'olive : Utilisez l'huile d'olive pour vous oindre (en particulier sur le front, la poitrine et les paumes) tout en chantant une prière protectrice. Cette action symbolise l'étanchéité de la protection.

Faites appel à l'énergie de l'univers : Une fois que l'esprit ou la divinité a été invoqué, récitez le mantra à haute voix (trois fois) pour créer un bouclier spirituel fort autour de vous. Visualisez l'énergie protectrice qui vous enveloppe dans une bulle de lumière qu'aucun mal ne peut pénétrer.

Reflet avec le miroir : Tenez un miroir dans votre main, tourné vers l'extérieur, et visualisez toute énergie ou esprit nuisible renvoyé vers leur source. Cela représente la protection contre les mauvaises influences ou les malédictions qui sont dirigées contre vous.

Scellez la protection : Saupoudrez le bol d'eau autour de votre espace pour purifier et sceller l'énergie protectrice. Cet acte symbolise la purification de toute négativité résiduelle et la finalisation du bouclier protecteur.

Fermez le rituel : Laissez la bougie blanche s'éteindre complètement, ce qui signifie l'achèvement du rituel et la solidification de la protection. Vous pouvez également remercier les esprits ou les divinités invoqués et exprimer votre gratitude pour leurs conseils et leur protection.

Horaire/Calendrier :

Temps : Le meilleur moment pour les sorts de protection est pendant la lune croissante (de la nouvelle lune à la pleine lune), symbolisant l'augmentation de la protection et de l'énergie positive. Le vendredi est également un jour propice pour les sorts de protection en raison de son lien avec Vénus, la planète de la sécurité, de l'harmonie et de la faveur divine.

Fréquence : Les sorts de protection peuvent être répétés chaque fois que vous ressentez le besoin d'une protection supplémentaire ou lorsqu'il y a une menace imminente. Cependant, il n'est pas nécessaire de les effectuer fréquemment, car un rituel de protection solide devrait durer un certain temps. Vous pouvez le répéter pendant les périodes difficiles, lors des transitions ou lorsque de nouveaux dangers se présentent.

Conclusion:

Les sorts de protection sont essentiels dans les pratiques magiques, en particulier pour éloigner les malédictions, les djinns et les dommages causés par les ennemis. Les sorts de protection (Sihr al-Hifaz) fournissent une sauvegarde spirituelle, invoquant des forces divines ou des esprits protecteurs pour créer un bouclier autour du lanceur. Qu'il s'agisse d'invoquer de puissantes divinités, des symboles protecteurs comme la main Hamsa, ou de créer des barrières spirituelles avec des bougies, du sel et de l'encens, ces rituels offrent une défense à la fois physique et spirituelle.

Dans certaines traditions, on pense que les chats noirs ont des pouvoirs spéciaux. Les sorts impliquant des chats noirs sont parfois utilisés pour la protection ou la vengeance.

L'objectif des rituels du chat noir peut varier en fonction de l'intention spécifique derrière le sort. Voici quelques objectifs communs :

Protection : S'appuyer sur les pouvoirs mystiques du chat noir pour se protéger des malédictions, des mauvais yeux ou des dommages spirituels.

Vengeance : Utiliser le chat noir pour invoquer des forces puissantes pour se venger des ennemis qui ont fait du tort au lanceur.

Bonne chance : Rechercher les propriétés magiques du chat pour attirer la chance ou la fortune positive.

Nettoyage spirituel : Utiliser l'énergie du chat pour nettoyer une zone des forces négatives ou de la malchance.

Ingrédients pour les rituels du chat noir :

Un chat noir : Un chat noir vivant est souvent le point central du rituel, et sa présence est censée canaliser l'énergie protectrice ou vengeresse. Dans certains cas, une figurine de chat noir ou une représentation symbolique d'un chat noir peut être utilisée.

Bougie noire : Représente l'ombre, le mystère et les pouvoirs protecteurs ou vengeurs du chat noir. Il canalise également l'énergie du monde des esprits. La couleur noire est souvent utilisée pour le bannissement, la protection ou l'inversion de la malchance.

Sel : Utilisé pour purifier l'espace, créer une barrière protectrice et nettoyer les énergies négatives. Le sel a une longue histoire d'utilisation pour repousser les mauvais esprits et est souvent un ingrédient clé dans les rituels magiques.

Un miroir : Souvent utilisé dans les rituels des chats noirs pour renvoyer toute énergie négative, malédiction ou djinn à l'expéditeur. Le miroir peut également symboliser la dualité des pouvoirs du chat (bien vs mal).

Un morceau de tissu noir : Symbolise le pouvoir du chat et est utilisé comme une offrande ou un outil rituel pour représenter les forces magiques invoquées.

Lait ou Miel : Offert au chat noir lors du rituel en signe de respect et d'invitation à apporter une énergie positive. Le lait est souvent considéré comme nourrissant et peut aider à invoquer le calme, tandis que le miel est symbole de douceur et de prospérité.

Un symbole de la cible (pour les sorts de vengeance) : Il peut s'agir d'un objet appartenant à la personne que vous souhaitez maudire ou sur laquelle vous souhaitez vous venger, comme un vêtement, une photographie ou tout objet personnel.

Cannelle ou clous de girofle : Ces ingrédients sont souvent utilisés pour leurs fortes propriétés protectrices ou pour intensifier le fonctionnement magique du rituel. Ils aident également à stimuler l'activité spirituelle.

Un petit bol d'eau : Pour purifier l'espace ou pour agir comme un récipient pour retenir toute énergie négative qui doit être neutralisée. Mantra pour les rituels du chat noir (en Français, arabe et berbère) : Le mantra utilisé dans le rituel doit être chanté clairement et avec intention. Les mots doivent refléter le but du rituel, qu'il s'agisse de protection, de vengeance ou de bonne fortune.

Français:
« Par la puissance du regard du chat noir, j'invoque les esprits de protection. Qu'aucun mal ne m'arrive, qu'aucune malédiction ne s'installe, qu'aucun ennemi ne s'approche avec de mauvaises intentions. Avec la grâce de ce chat, je demande le pouvoir de me venger, de me protéger du mal et de guider mon chemin vers la victoire.

Arabe (translittéré) :
« Bi quwwat nathrat al-qitta al-sawda, ad'oo arwah al-hifaz. La yasir sharrun ilayya, wa la yata'allaqu al-lan'a, wa la yuu'ti al-'ada' bi-niyyatin fasida. Bi ni'mat hadhihi al-qitta, atlub quwwat al-muqawama, wa ahfazhni min al-sharr wa arshid tariqi ilal intisar.

(بِقُوَّةِ نَظْرَةِ القِطَّةِ السَّوْدَاءِ، أَدْعُو أَرْوَاحَ الحِفَاظِ. لَا يَصِيرُ شَرٌّ إِلَيَّ، وَلَا يَتَعَلَّقُ اللَّعْنَةُ، وَلَا يُعْطِي العَادِي بِنِيَّةٍ فَاسِدَةٍ. بِنِعْمَةِ هَذِهِ القِطَّةِ، أَطْلُبُ قُوَّةَ المُقَاوَمَةِ، وَأَحْفَظْنِي مِنَ الشَّرِّ وَأَرْشِدْ طَرِيقِي إِلَى النَّصْرِ.)

Berbère (tamazight) :

"Aytma n tmeddurt, ad yili-nni sɣur n isefra. Votre nesluh ddaw n tazut, votre neggwaz ilɣ ad d-hajru. Aytma n tqeddiwin, ad wiyyi am tmurt.

Exécution des rituels du chat noir :

Préparez l'espace :

Commencez par mettre en place l'espace rituel, en vous assurant qu'il est calme, non perturbé et nettoyé de toute énergie négative.

Brûlez de l'encens ou de l'encens à la myrrhe pour purifier l'environnement et créer une atmosphère sacrée et magique.

Placez la bougie noire devant vous et allumez-la pour inviter l'énergie protectrice ou vengeresse du chat noir.

Faites appel à la puissance du chat :

Si vous travaillez avec un vrai chat noir, faites-le présent pendant le rituel et laissez-le se promener librement dans l'espace rituel. Cela permet au chat d'absorber toute négativité ou énergie nocive qui peut être présente.

Si vous utilisez une figurine ou une représentation symbolique du chat, placez-la devant la bougie lorsque vous commencez à chanter le mantra.

Concentrez l'énergie :

Concentrez-vous sur votre intention. Visualisez le pouvoir du chat noir comme une source d'énergie qui vous protégera ou vous vengera.

Pendant que vous récitez le mantra, visualisez les yeux du chat noir brillant d'une énergie mystique, reflétant toute mauvaise intention ou malédiction à leur expéditeur.

Effectuer la Protection (ou Vengeance) :

Si votre objectif est de vous protéger, visualisez l'énergie du chat noir qui vous entoure, créant une barrière qui repousse tous les mauvais souhaits, les malédictions ou les influences néfastes.

Si votre objectif est la vengeance, visualisez le chat noir frappant les ennemis avec ses griffes ou leur renvoyant leur mal.

Offrez du lait ou du miel au chat (ou au chat symbolique) en signe de respect et de connexion à son énergie.

Purifier et clore le rituel :

Pour finaliser le rituel, placez le bol d'eau devant vous et nettoyez l'espace en le saupoudrant autour. Cela sert de purification finale et de scellement de la magie protectrice ou vengeresse.

Éteignez la bougie noire, symbolisant l'achèvement du sort et la solidification de l'énergie.

Remerciez le chat (l'esprit) :

Si un esprit ou une divinité a été invoqué par l'intermédiaire du chat noir, offrez une prière de remerciement et exprimez votre gratitude pour la protection ou la vengeance fournie.

Si vous avez utilisé un vrai chat noir, caressez-le doucement et offrez-lui une petite offrande de nourriture ou de lait en guise de remerciement.

Horaire/Calendrier :

Temps : Le meilleur moment pour effectuer des rituels de chat noir est pendant la lune décroissante, car il symbolise le bannissement, la protection et l'inversion de l'énergie négative. La nuit est également un moment puissant pour effectuer de tels rituels, car les chats sont associés à la nuit et aux royaumes invisibles.

Jour de la semaine : Le samedi est un bon jour pour ces rituels, car il est régi par Saturne, la planète des frontières, de la protection et de la loi karmique.

Fréquence : Les rituels du chat noir peuvent être effectués au besoin, en particulier en cas de danger, de menaces spirituelles ou de recherche de protection ou de vengeance. Cependant, ils ne doivent pas être effectués trop fréquemment pour éviter d'invoquer des conséquences négatives inutiles.

Conclusion:

Les rituels du chat noir sont de puissantes formes de magie qui peuvent être utilisées pour la protection, la vengeance ou la recherche de la bonne fortune. Les chats noirs, avec leurs associations mystiques et leur lien avec les mondes visibles et invisibles, sont considérés comme des gardiens, des messagers spirituels et des agents de l'équilibre cosmique. Qu'il s'agisse d'un chat noir vivant ou d'une représentation symbolique, ces rituels puisent dans l'ancienne croyance selon laquelle le chat peut influencer les forces magiques autour du lanceur.

Divination par les os (Divination à l'aide d'Asfour ou d'os)

Utiliser des os d'animaux pour lancer et interpréter des présages ou obtenir des connaissances des esprits.

Le but de la divination osseuse est de recevoir des conseils, des avertissements ou des aperçus de l'avenir ou des aspects cachés d'une situation en interprétant la façon dont les os tombent lorsqu'ils sont coulés. Les messages peuvent porter sur des questions d'amour, de destin, de santé, de protection, etc. Souvent, les os sont lus pour acquérir des connaissances sur l'invisible, les forces spirituelles ou les vérités cachées qui ne sont pas immédiatement apparentes.

Ingrédients pour la divination par les os :
Os d'animaux (os Asfour) : Il s'agit généralement de petits os d'animaux comme les poulets, les chèvres ou les moutons. Les os doivent être propres et polis pour renforcer leur pouvoir divinatoire.
Os communs utilisés :
Le bassin (os de la hanche) : Représente la structure, le soutien et la stabilité dans la vie.
Le crâne : Symbolise l'intelligence, les pensées ou le domaine mental/spirituel.
Os de la jambe longue (fémur) : Symbolisent le mouvement, le voyage et la force.
Dents : Peut symboliser l'agression, la communication ou les décisions.
Vertèbres vertébrales : Représentent l'épine dorsale, l'endurance et les principes centraux de la vie.

Un tissu ou un tapis de divination : Une surface propre pour disposer les os après qu'ils aient été coulés. Ce tissu sert d'espace sacré pour interpréter les motifs ou les présages que forment les os.

Un récipient sacré (facultatif) : Certains pratiquants utilisent un bol ou un récipient pour secouer et jeter les os avant de les jeter sur le tissu ou le tapis.

Une bougie : Une bougie (généralement blanche ou rouge) peut être allumée pour purifier l'espace et invoquer une assistance spirituelle pendant la lecture. Cela crée également un environnement ciblé et sacré.

Un objet personnel (facultatif) : Parfois, un objet personnel de la personne qui cherche la divination (par exemple, un vêtement ou un petit objet) est placé avec les os pour personnaliser la lecture et relier le message directement à l'individu.

Une prière ou un chant (facultatif) : Une prière ou un chant peut être récité avant de jeter les os pour inviter les esprits ou les divinités à prêter leur sagesse et à guider la divination. Ceci est particulièrement important si la divination est destinée à répondre à une question spécifique ou à demander de l'aide pour résoudre un problème.

Mantra pour la divination par les os (en Français, arabe et berbère) : Le mantra dans les rituels de divination est utilisé pour concentrer l'énergie du praticien et invoquer les esprits, les ancêtres ou les forces divines. Il aide à centrer l'esprit et à se connecter au monde spirituel.

Français:

« Les os du passé révèlent le chemin à suivre. Esprits de la terre, guidez-moi vers la vérité. Que les os tombent comme ils veulent, et que la sagesse des ancêtres parle.

Arabe (translittéré) :

« A'zam al-'asfour, arsil li tariqi al-mustaqbal. Arwah al-ard, hadini ilal-haqiqa. Litu'riq al-'asfour, wa liyatakallam hikmat al-'ajdad.

(لتسقط الحقيقة إلى هديني، الأرض أرواح، أرسل لي طريقي المستقبل، العصفور عظام الأجداد حكمة ولتتكلم، تشاء كما العظام.)

Berbère (tamazight) :

« Azuz n asfour, ad d-ḥerr iṭṭuruqq ad azzi. Imeslayen n ugdud, ad-ḥmamen daghen i tifawin. Ghs itriq n asfour, ad ṭrawiḥ am amka.

Réalisation de la divination par les os :

Préparez l'espace :

Choisissez un endroit calme et non perturbé pour effectuer la divination. Nettoyez l'espace avec de l'encens ou une huile protectrice pour vous assurer que l'environnement est spirituellement neutre et ouvert à la réception de messages.

Allumez une bougie pour créer un environnement concentré et sacré. La bougie peut également aider à la clarté visuelle et à la concentration pendant le rituel.

Définissez l'intention :

Avant de couler les os, fixez-vous une intention claire pour la lecture. Concentrez-vous sur une question, une préoccupation ou un domaine de votre vie où vous cherchez des conseils.

Fermez les yeux un instant, prenez quelques respirations profondes et concentrez-vous sur les énergies que vous souhaitez canaliser. Si vous lisez pour quelqu'un d'autre, demandez le nom de la personne ou un élément qui la relie à la lecture.

Chantez ou récitez le mantra :

Pendant que vous chantez le mantra, concentrez-vous sur votre intention et visualisez les os s'alignant avec les forces de l'univers pour révéler les réponses que vous cherchez.

Continuez à chanter doucement pendant que vous vous préparez à jeter les os.

Lancer les os :

Prenez les os dans votre main et secouez-les doucement dans un récipient ou dans votre main, puis jetez-les sur le chiffon ou le tapis.

Laissez-les tomber naturellement, n'essayez pas de contrôler la façon dont ils atterrissent.

La façon dont les os tombent créera des motifs que vous interpréterez. La position, l'orientation et la relation de chaque os avec les autres offriront un aperçu de la situation ou de la question à l'étude.

Interprétez les os :

Une fois les os tombés, examinez attentivement l'arrangement. L'interprétation dépend des os spécifiques et de la façon dont ils atterrissent les uns par rapport aux autres.

Interprétations courantes pour des os spécifiques :

Crâne : Représente la pensée, la sagesse et la conscience. S'il atterrit face vers le haut, cela peut indiquer une clarté d'esprit ou la nécessité d'une pensée claire dans votre situation.

Bassin : Symbolise souvent la stabilité ou le fondement d'une affaire. S'il atterrit à la verticale, cela pourrait suggérer un sol solide ou un besoin de mise à la terre.

Os de la jambe longue : Symbolisent le mouvement, le voyage ou le voyage à venir. S'ils tombent vers l'extérieur, cela peut indiquer qu'un mouvement ou un progrès est à venir.

Vertèbres vertébrales : Elles représentent l'épine dorsale d'un problème. S'ils atterrissent droit, cela pourrait signifier que vous avez la force ou la résilience nécessaires pour faire face aux défis à venir.

Dents : Peut indiquer des décisions ou une communication. Une dent tournée vers le bas pourrait suggérer qu'il y a des mots ou des pensées non dits.

Recevez des conseils :

Une fois que vous avez analysé les os, méditez sur le message qu'ils fournissent. Les réponses ne sont pas toujours claires immédiatement, parfois le message viendra plus tard, pendant la réflexion.

Si les os offrent des résultats ambigus, ou si vous vous sentez incertain, vous pouvez effectuer un autre incantation ou méditer davantage sur le résultat pour obtenir plus d'informations.

Fermez le rituel :

Une fois la lecture terminée, remerciez les esprits, les ancêtres ou les divinités pour leurs conseils.

Éteignez la bougie et rassemblez soigneusement les os. Certains praticiens choisissent de les stocker dans une boîte ou une pochette spéciale, en veillant à ce qu'ils restent sacrés et protégés jusqu'à la prochaine divination.

Horaire/Calendrier :

Temps : La lune croissante est idéale pour poser des questions sur la croissance future, les nouvelles entreprises ou le développement personnel, car elle symbolise l'augmentation et l'expansion. La lune décroissante est meilleure pour deviner les réponses liées aux fins, lâcher prise ou éliminer les énergies négatives.

Jour de la semaine : Les meilleurs jours pour la divination sont le mercredi (associé à Mercure, la planète de la communication et de l'intellect) ou le samedi (pour la force spirituelle et la justice karmique). Le vendredi est également bon pour la divination liée à l'amour ou aux relations.

Fréquence : La divination par les os peut être effectuée aussi souvent que nécessaire, surtout lorsque vous êtes confronté à des décisions difficiles ou que vous recherchez une compréhension plus profonde. Cependant, des lectures fréquentes peuvent entraîner de la fatigue ou de la confusion, il est donc recommandé de consulter les os périodiquement plutôt que constamment.

Conclusion:

La divination par les os (Asfour ou os d'animaux) est une forme puissante et ancienne de pratique magique, profondément ancrée dans les traditions spirituelles de l'Afrique du Nord et de la région du Maghreb. En utilisant des os d'animaux, les praticiens puisent dans les énergies primitives de la vie, de la mort et du monde invisible. Chaque os est considéré comme un vaisseau de sagesse, offrant des conseils et des idées uniques basés sur la façon dont il tombe et s'organise pendant le plâtre.

Breloques d'amour avec des parties d'animaux

Sorts d'amour qui impliquent l'utilisation de parties d'animaux spécifiques, comme des cheveux, des os ou d'autres objets, pour contrôler les sentiments d'une autre personne.

L'objectif principal des charmes d'amour avec des parties d'animaux est soit d'attirer quelqu'un à vous de manière romantique, soit de faire tomber quelqu'un amoureux de vous, de lier ses émotions à vous ou de renforcer la fidélité. Certains rituels visent à renforcer l'attraction ou l'affection entre deux personnes, tandis que d'autres se concentrent sur la création d'un sentiment d'obsession ou de dépendance émotionnelle.

Ingrédients pour les charmes d'amour avec des parties d'animaux :
Poils d'animaux (généralement de chats, de lapins ou de lions) : Les poils d'animaux sont considérés comme contenant l'essence de l'animal dont ils proviennent, et ils sont souvent utilisés dans les sorts pour lier le cœur de quelqu'un au lanceur. Un type spécifique de cheveux peut être choisi en fonction du résultat souhaité.
Poils de chat : Souvent utilisés pour l'attraction et les sorts d'amour, en particulier pour invoquer le charme et l'allure.
Poils de lapin : Associés à la fertilité, à l'affection et à la connexion romantique.

Cheveux de lion : Utilisé dans des sorts plus puissants pour la domination, le leadership et pour commander la loyauté ou la dévotion de quelqu'un.

Os d'animaux (petits os comme le poulet ou la chèvre) : De manière similaire à leur utilisation en divination, les os de petits animaux peuvent également être utilisés dans les charmes d'amour pour lier, protéger ou contrôler. Un os d'un animal comme un lapin, une poule ou une colombe peut symboliser l'affection et l'engagement.

Griffes ou dents d'animaux : Elles sont utilisées pour des sorts d'amour plus agressifs ou affirmés, où le lanceur souhaite prendre le contrôle du cœur de quelqu'un ou manipuler ses émotions. Ces pièces sont considérées comme puissantes et sont souvent utilisées pour faire respecter la volonté du lanceur.

Peau ou peau d'animal : Dans certains cas, de petits morceaux de peau d'animal, en particulier d'un cerf, d'un lapin ou d'un chat, sont utilisés dans les charmes. On dit que la peau imprègne le charme de l'esprit et de l'énergie de l'animal.

Pétales de rose ou fleurs sucrées : Les pétales de rose sont souvent ajoutés aux breloques d'amour pour symboliser l'amour romantique et l'attraction. Ils adoucissent la magie, la rendant plus attrayante et émotionnellement nourrissante.

Miel ou sirop sucré : Utilisé pour adoucir les émotions de la personne à qui vous lancez le sort, la rendant plus susceptible d'être attirée par vous ou plus réactive à vos avances.

Un objet personnel de la cible : Une mèche de cheveux, une photo ou quelque chose qui appartient à la personne que vous souhaitez influencer. Cela permet de lier directement le sort à la cible.

Bougie (rouge ou rose) : Le rouge symbolise la passion, tandis que le rose représente l'affection et l'amour nourricier. La bougie sert à éclairer l'espace et à concentrer l'énergie du sort.

Herbes : Certaines herbes sont utilisées pour améliorer la puissance du sort. Les herbes courantes comprennent :

Romarin : Pour la protection et l'amour.

Lavande : Pour la paix et l'apaisement des émotions.

Patchouli : Pour attirer l'amour ou les sentiments lubriques.

Cannelle : Pour réchauffer une relation ou faire en sorte que quelqu'un vous désire davantage.

Mantra pour les charmes d'amour avec des parties d'animaux (en Français, arabe et berbère) :

Le mantra ou l'incantation dans les sorts d'amour est destiné à diriger l'énergie du sort vers la cible et à imposer la volonté du lanceur sur la personne souhaitée.

Français:

« Par le pouvoir de ces esprits animaux, j'appelle les forces de l'amour à me lier [nom de la cible]. Que leur cœur soit rempli d'affection, leur esprit de désir. Avec la force de ces créatures, j'ordonne à l'amour de grandir, de s'épanouir comme une rose, profond et éternel.

Arabe (translittéré) :

« Bi quwwat arwah hadhihi al-hayawanat, ad'oo quwat al-hubb li wasl [nom de la cible] ilayya. Liyamal qalbahu bil-'ishq, wa 'aqlahu bil-shawq. Bi quwwat hadhihil makhluqat, atlob an yanmuw al-hubb, kayanmu kāl-ward, 'amīqan wa da'iman.

قَلْبَهُ لِيَمْلأْ .إِلَيَّ [الهدف اسم] وَصْلِ لِي الْحُبِّ قُوَّاتِ أَدْعُو ،الْحَيَوَانَاتِ هَذِهِ أَرْوَاحِ بِقُوَّةِ)
عَمِيقًا ،كَالْوَرْدِ كَيَنْمُوَّ ،الْحُبُّ يَنْمُوَّ أَنْ أَطْلُبُ ،الْمَخْلُوقَاتِ هَذِهِ بِقُوَّةِ .بِالشَّوْقِ وَعَقْلَهُ ،بِالْعِشْقِ
.(وَدَائِمًا)

Berbère (tamazight) :
« Iḍḥeṛ n ṛzayen n waman, ad n-d-iṭṭuruqq n alḥub i [nom de la cible]. Aḥmaten afus n waneggi, akk iḥrim n umakkel. Miḥmaten n anwwel, ad sgwiḥal lḥub, am agiru, am iḥmaden.

Exécution de charmes d'amour avec des parties d'animaux :
Préparez l'espace sacré :
Installez votre espace rituel dans un endroit calme et paisible, à l'abri des distractions. Nettoyez l'espace avec de l'encens ou une herbe sacrée (comme la lavande ou la sauge) pour inviter une bonne énergie et créer une atmosphère spirituelle.
Allumez une bougie rouge ou rose pour symboliser la passion, l'amour et l'attraction. Concentrez-vous sur la flamme pour améliorer la concentration.
Définissez l'intention :
Avant de commencer, concentrez-vous sur la personne à qui vous lancez le sort. Pensez à leur nom et imaginez que leur cœur est rempli d'affection pour vous.

Fermez les yeux et visualisez l'énergie qui s'écoule des parties animales, unissant les énergies de la terre et de l'univers pour réaliser votre souhait.

Assemblez les ingrédients :

Rassemblez les poils d'animaux, les os, les griffes et tous les autres ingrédients. Placez-les soigneusement sur votre tissu rituel ou votre tapis.

Si vous utilisez un objet personnel de la cible, placez-le près des parties de l'animal pour connecter leur énergie.

Récitez le mantra :

Commencez par chanter le mantra (en Français, en arabe ou en berbère, selon votre tradition).

Visualisez les parties de l'animal vibrer d'énergie au fur et à mesure que le sort prend forme. Le mantra aide à canaliser votre désir et à le lier à l'énergie des parties animales.

Formez le charme :

Attachez les poils de l'animal avec une petite ficelle, en les nouant. Le nœud représente le fait de lier le cœur et les émotions de la cible à vous.

Si vous avez des os, disposez-les selon un motif spécifique, comme une forme de cœur, pour renforcer l'accent du sort sur l'amour.

Si vous le souhaitez, placez des pétales de rose ou du miel autour de la breloque pour adoucir l'énergie et rendre la cible plus ouverte à l'affection.

Activez le charme :

Une fois que tout est rangé, concentrez-vous sur votre désir que la cible ressente de l'affection ou de l'amour pour vous. Tenez le charme dans vos mains et exprimez votre désir à haute voix, en disant à l'univers ce que vous voulez qu'il se passe.

Tenez le charme au-dessus de la flamme (en gardant une distance de sécurité) pour activer le sort, ou trempez-le dans du miel ou de l'eau de rose pour plus de douceur.

Enterrez ou gardez le charme en sécurité :

Si vous souhaitez cacher la breloque à la vue ou vous assurer que son influence perdure, vous pouvez enterrer la breloque sous un arbre ou la conserver dans une pochette spéciale sous votre oreiller ou dans un endroit privé.

Si vous utilisez une photo ou des cheveux dans le cadre du charme, gardez-le près de votre corps (comme dans votre portefeuille ou votre espace personnel) pour maintenir le lien.

Horaire/Calendrier :

Temps : Effectuez le charme d'amour pendant la lune croissante (pour la croissance et l'attraction) ou pendant la pleine lune pour une puissance maximale.

Jour de la semaine : Le vendredi est considéré comme le meilleur jour pour les sorts d'amour car il est gouverné par Vénus, la planète de l'amour et des relations. Le mercredi est également favorable, car il est gouverné par Mercure, la planète de la communication et de la connexion.

Fréquence : Les charmes d'amour avec des parties d'animaux ne doivent pas être surutilisés, car ils peuvent entraîner un attachement excessif ou un déséquilibre. N'utilisez le charme que lorsque cela est nécessaire et faites attention au contrôle que vous cherchez à exercer sur les émotions d'une autre personne.

Conclusion:

Les charmes d'amour avec des parties d'animaux sont parmi les formes de magie les plus puissantes et les plus anciennes utilisées pour manipuler les émotions et lier les gens en matière d'amour et d'attraction. Ces charmes utilisent des éléments symboliques et littéraux du monde animal pour améliorer la capacité du lanceur à influencer le cœur d'un autre. En utilisant des parties spécifiques de l'animal, qu'il s'agisse de cheveux, d'os ou de griffes, le lanceur canalise les qualités inhérentes de l'animal (telles que le courage, l'affection ou la puissance) dans le sort, ce qui en fait une forme de magie particulièrement personnelle et puissante.

Sorcellerie au henné

Le henné est utilisé dans certaines cultures comme un moyen de marquer ou de protéger les individus contre les mauvais sorts, ou dans les malédictions et la magie de l'amour.

But:

Protection : Le henné est couramment utilisé pour protéger les individus de l'influence des mauvais sorts, des esprits malveillants ou du mauvais œil.

Magie de l'amour : Le henné peut également être utilisé dans des sorts d'amour pour attirer l'affection, renforcer les relations existantes ou lier les émotions de quelqu'un au lanceur.

Malédictions : Le henné peut parfois être utilisé de manière plus nuisible, par exemple pour maudire ou lier la volonté ou les désirs d'un individu, en particulier dans les rituels qui impliquent de dessiner des symboles ou d'écrire des mots spécifiques.

Ingrédients pour la sorcellerie au henné :

Poudre de henné : L'ingrédient principal, fabriqué à partir de feuilles de henné séchées et en poudre. Il est généralement mélangé avec de l'eau, du thé ou d'autres liquides pour créer une pâte qui peut être appliquée sur la peau.

Henné de haute qualité : Utilisez toujours de la poudre de henné naturelle et de haute qualité, de préférence provenant de sources fiables, car elle est considérée comme plus puissante dans les rituels magiques.

Huiles essentielles (facultatif) : Des huiles comme la rose, la lavande, le jasmin et le bois de santal sont souvent mélangées à la pâte de henné pour renforcer ses propriétés magiques. Par exemple, l'huile de rose est utilisée dans les sorts d'amour, tandis que le bois de santal est connu pour ses qualités protectrices et purifiantes.

Sucre ou miel : Ces ingrédients peuvent être ajoutés à la pâte de henné pour plus de douceur, en particulier dans la magie de l'amour, pour adoucir le sort et le rendre plus attrayant.

Autres herbes : Certaines traditions combinent le henné avec des herbes comme le basilic (protection), la cannelle (attraction) ou la grenade (fertilité), selon le résultat souhaité.

Un objet personnel : Un objet personnel de la cible (cheveux, photographie ou vêtement) est parfois ajouté à la pâte de henné pour renforcer le lien entre la magie et la personne que vous souhaitez influencer.

Un couteau ou un stylo (pour sculpter des symboles) : Dans certains rituels, le henné est appliqué à l'aide d'un objet pointu pour graver des symboles protecteurs ou des signes magiques dans la peau.

Une bougie (rouge ou noire) : Le rouge est souvent utilisé dans les sorts d'amour, tandis que le noir est utilisé dans les rituels de protection ou liés à la malédiction. La bougie est destinée à aider à concentrer l'énergie et l'intention du sort.

Miroir (facultatif) : Un miroir peut être utilisé pour refléter les effets d'un sort de protection ou pour renvoyer une malédiction à son origine (une pratique populaire dans la magie du miroir).

Mantra pour la sorcellerie au henné (en Français, arabe et berbère) : Le mantra utilisé en conjonction avec les rituels au henné est essentiel pour canaliser l'énergie et se concentrer sur l'intention du sort. Voici un mantra pour la protection, l'amour et les malédictions.

Français:

« Avec le pouvoir de ce henné sacré, j'appelle les forces de la terre et les esprits à guider mes intentions. Protégez-moi du mal, attirez l'amour dans ma vie et renforcez ma volonté. Que les marques du henné soient un symbole de mes désirs et de mon pouvoir. Qu'il en soit ainsi.

Arabe (translittéré) :

« Bi quwwat hadhihi al-hinna al-muqaddasa, ad'oo quwat al-ard wa arwah al-ajdad li hadayat niyati. Hami-ni min ash-sharr, ajlibi al-hubb ilayya, wa qawwi aradati. Litu'riq al-hinna, yakoonu 'alamatir raghbati wa quwati. Fa-li-yakun.

(بقوة هذه الحنة المقدسة، أدعو قوات الأرض وأرواح الأجداد لهداية نيتي. حميني من الشر، اجلب لي الحب، وقوي إرادتي. لتسقط الحنة، ليكن علامة رغبتي وقوتي. فليكن.)

Berbère (tamazight) :

"Sɛer n hinnat tilawin, ad-d-n-ḥerr f lqṛib n zzem, iɣ-abrid. Asdir ad-ttufr, amḥed n lḥubb, ad d-yesser n ugdud. Ad ḥdar n hinnat, yaḥmed n amurih wa dɣur. Ttsabḥal.

Spectacle de sorcellerie au henné :

Préparez l'espace :

Trouvez un endroit calme et propre où vous ne serez pas dérangé. Si vous effectuez le rituel de protection, nettoyez l'espace en brûlant de l'encens ou en utilisant de la sauge pour purifier la zone et donner le ton à la magie.

Allumez la bougie qui s'aligne avec la nature de votre sortilège (rouge pour l'amour, noir pour la protection ou les malédictions).

Préparez la pâte de henné :

Mélangez la poudre de henné avec de l'eau (ou un autre liquide tel que du thé, de l'eau de rose ou du miel) pour créer une pâte suffisamment épaisse pour être appliquée mais suffisamment lisse pour être dessinée ou appliquée facilement.

Ajoutez toutes les huiles essentielles qui correspondent à votre intention (rose pour l'amour, bois de santal pour la protection, etc.).

Définissez votre intention :

Asseyez-vous tranquillement, fermez les yeux et concentrez-vous sur la raison du sort. Visualisez le résultat que vous souhaitez obtenir : pour vous protéger, imaginez un bouclier autour de vous ; pour l'amour, visualisez l'affection de votre cible grandir pour vous ; Pour les malédictions, imaginez que le mal soit redirigé ou que votre ennemi tombe.

Méditez sur le mantra tout en vous concentrant sur votre intention. Répétez doucement le mantra pour vous-même.

Appliquez le henné :

Pour la protection : Utilisez le henné pour dessiner des symboles de protection sur votre corps (par exemple, l'œil d'Horus, des pentagrammes ou la main de Fatima). Vous pouvez également dessiner un cercle protecteur sur la peau à l'aide de henné. Dessinez ces symboles sur les zones de votre corps qui ont besoin de protection, comme vos mains, votre cou ou votre poitrine.

Pour l'amour : Dessinez des symboles d'amour et d'attirance sur vos paumes, vos poignets ou votre cœur. Les symboles courants comprennent des cœurs, des flèches ou d'anciens sceaux représentant l'amour. Vous pouvez également écrire le nom de la personne que vous souhaitez attirer à l'intérieur du symbole ou dessiner la planète Vénus (symbolisant l'amour et la beauté).

Pour les malédictions : dessinez des symboles ou des mots sur l'objet personnel de la cible ou sur votre propre peau qui sont associés à la liaison, à la séparation ou au mal. Par exemple, dessiner un cercle croisé peut symboliser une rupture ou une malédiction. Vous pouvez également choisir d'écrire des mots contraignants spécifiques ou des malédictions en arabe ou en berbère pour sceller l'intention.

Laissez sécher le henné :

Une fois le henné appliqué, laissez-le sécher naturellement. Au fur et à mesure qu'il sèche, visualisez la magie se solidifier et vos intentions se verrouiller en place. Le processus de séchage est un élément clé du sort, car il marque l'achèvement et l'autonomisation du charme.

Pour vous protéger, laissez le henné jusqu'à ce qu'il tombe naturellement, symbolisant une protection continue. Pour les sorts d'amour ou de liaison, gardez le henné jusqu'à ce qu'il soit retiré, en vous concentrant sur votre connexion avec la cible pendant le processus.

Fermez le rituel :

Si vous effectuez un sort de protection, remerciez les esprits pour leur aide pour vous protéger.

S'il s'agit d'un sort d'amour, remerciez les esprits d'avoir attiré la personne plus près de vous.

Débarrassez-vous de tout henné restant (si le sort est terminé), idéalement en l'enterrant dans le sol ou en le jetant dans l'eau courante pour libérer l'énergie.

Horaire/Calendrier :

Temps : La lune croissante est le moment idéal pour les sorts d'amour ou d'attraction, car elle symbolise la croissance et l'augmentation. La lune décroissante est meilleure pour les sorts de protection ou de bannissement, car elle représente la diminution des forces négatives.

Jour de la semaine : Le vendredi (jour de Vénus) est le meilleur pour la magie de l'amour, tandis que le samedi (jour de Saturne) est idéal pour les malédictions ou les rituels de protection.

Fréquence : Les sorts d'amour et de protection au henné peuvent être effectués aussi souvent que nécessaire, mais vous devez toujours considérer attentivement l'énergie de chaque rituel et éviter de vous surcharger avec une magie excessive.

Conclusion:

La sorcellerie au henné est une pratique profondément symbolique et transformatrice qui relie les individus à l'énergie terrestre, à la sagesse ancestrale et aux forces spirituelles. L'utilisation du henné dans la magie est à la fois pratique et sacrée, impliquant un lien fort entre l'intention et le résultat. Qu'il soit utilisé pour la protection, l'amour ou les malédictions, le rôle du henné dans la sorcellerie en tant qu'agent de transformation et d'énergie spirituelle en fait un outil important pour tout pratiquant. En appliquant du henné sur le corps selon des motifs spécifiques, vous vous insufflez à vous-même ou à votre environnement l'énergie du sort, créant ainsi des résultats puissants.

Magie noire pour se venger

Une forme de sorcellerie où le praticien utilise des sorts pour faire du mal ou de la souffrance à quelqu'un qui lui a fait du tort.

Le mantra utilisé dans la magie noire pour la vengeance se concentre sur l'autonomisation, la colère et l'intention de causer du mal ou de la vengeance. Voici un exemple de mantra :

Français :
« Par l'obscurité de la nuit, par la fureur de mon cœur, j'appelle les forces à apporter la souffrance à [Nom]. Que leur joie se change en chagrin, leur fortune en malheur, et leur paix en tourment. Je leur ferai ressentir la douleur qu'ils m'ont causée. Que les esprits de vengeance portent ma volonté vers eux. Qu'il en soit ainsi.

Arabe (translittéré) :
« Bi zulm al-layl, bi ghadhab qalbi, ad'oo quwat ash-shayatin li idkhal al-'adhab fi hayat [Nom]. Li-yutahawwal farahuhum ila huzn, wa rizqahum ila shaqqah, wa salamuhum ila al-'adhab. Sa-ajiluhum kama 'ajiluni. Fali-hum al-arwah al-muntaqima.

(بظلم الليل، بغضب قلبي، أدعو قوات الشياطين لإدخال العذاب في حياة [الاسم]. ليتحول فرحهم إلى حزن، ورزقهم إلى شقاء، وسلامهم إلى العذاب. سأجعلهم يشعرون بالألم الذي سببوه لي. فليحمل الأرواح المنتقمة إرادتي.)

Berbère (tamazight) :

"Ineffas n tazmert, iggazen n qalbi, ad-ttufr anefk-iten i [Nom]. Lḥubb ur yessawal i tḥedin, uḥbb ughdimar, aslam n ughrim s iḥbi n tḥenfut.

Réalisation:

Préparez l'espace :

Choisissez un endroit isolé et privé où vous ne serez pas dérangé. Il est important que vous soyez capable de concentrer votre énergie et vos intentions sans distraction.

Allumez une bougie noire pour créer l'atmosphère du rituel. Le noir représente la destruction, la mort et le bannissement, qui sont tous pertinents pour la magie de vengeance.

Préparez les ingrédients :

Objet personnel ou photographie : Prenez la photo ou l'objet personnel de la cible. Vous pouvez le placer sur votre autel ou votre table où vous effectuerez le rituel.

Mélangez des ingrédients comme du vinaigre, de la terre de cimetière et du sel noir dans un bol ou un récipient.

Définissez votre intention :

Concentrez-vous sur le mal ou la souffrance que vous souhaitez infliger à la cible. Imaginez la douleur ou les conséquences que vous voulez qu'ils endurent. Utilisez le mantra ci-dessus pour diriger votre énergie, en la prononçant à haute voix ou en la chuchotant dans les airs. Chaque mot doit résonner avec l'intensité de vos émotions.

Sculptez un symbole ou dessinez un sceau :

Vous pouvez graver un symbole de vengeance ou de malédiction sur l'objet personnel ou la photographie de la cible. Un pentagramme, un hexagramme ou d'autres sceaux anciens de liaison ou de séparation peuvent être utilisés.

Des épingles ou des aiguilles peuvent être utilisées pour percer la photographie ou l'objet personnel, symbolisant le mal spirituel infligé.

Effectuez le rituel :

Concentrez-vous intensément sur la cible et votre désir de vengeance. Imaginez-les subir les conséquences de leurs actes, que ce soit à cause de la maladie, de la ruine financière, de la détresse émotionnelle ou de la honte sociale.

Pendant que vous récitez le mantra, utilisez la bougie noire pour amplifier le sort, en vous assurant que l'énergie circule vers votre cible.

Si vous utilisez de la terre de cimetière, du sel noir ou du vinaigre, saupoudrez-les sur la photo ou l'objet personnel tout en visualisant leur vie en train de s'aigrir ou leur destin s'assombrir.

Fermez le rituel :

Une fois le sort lancé, remerciez les esprits ou les forces que vous avez appelés pour leur aide, puis éteignez la bougie.

Débarrassez-vous des objets personnels ou de la photographie en les enterrant dans le sol, en les jetant dans l'eau courante ou en les brûlant. Cela scelle le destin de la cible et complète la malédiction.

Horaire/Calendrier :

Temps : La lune noire ou la lune décroissante est idéale pour les sorts de vengeance car elle représente le déclin, la mort et la disparition de l'énergie. C'est le moment où les forces négatives peuvent être invoquées et où l'univers est plus réceptif à la destruction de quelque chose ou de quelqu'un.

Jour de la semaine : Le mardi (jour de Mars) est souvent associé à l'agression, au conflit et à la vengeance. C'est le jour idéal pour effectuer des sorts de vengeance.

Fréquence : Les sorts de vengeance ne doivent être exécutés qu'une seule fois et avec beaucoup de prudence, car ils sont particulièrement dangereux. La répétition de ces types de rituels peut avoir des conséquences inattendues ou se retourner contre le praticien.

Conclusion:

La magie noire pour la vengeance est une forme puissante de sorcellerie, visant à causer du tort ou de la souffrance à quelqu'un qui a fait du tort au pratiquant. Bien qu'elle puisse être efficace pour obtenir la justice ou le châtiment, elle comporte de grands risques, tant sur le plan spirituel que personnel. Le mantra, les ingrédients et les rituels utilisés dans ces sorts canalisent une énergie puissante, souvent négative. Les pratiquants doivent être prudents et conscients des conséquences de leurs actes, car la magie de vengeance peut créer un cycle d'énergie négative qui pourrait revenir les hanter. Rappelez-vous toujours que la magie, en particulier la magie noire, doit être utilisée avec beaucoup de responsabilité et de prudence.

Le rituel du sang

Sorts impliquant des sacrifices de sang ou utilisant du sang pour lier les effets magiques du rituel.

But du rituel du sang :

Lier la magie : Le sang est utilisé pour lier les effets magiques du rituel à la cible ou au lanceur de sorts. Il garantit que l'énergie magique est forte, durable et concentrée, surtout lorsqu'il est nécessaire de s'assurer que la magie « colle » dans le temps.

Amplification de puissance : L'utilisation de sang, qu'il provienne du pratiquant, d'un animal ou d'une autre source, amplifie l'intensité de la magie effectuée. On pense que le sang porte une énergie vitale unique qui peut rendre le rituel plus efficace.

Sacrifice pour faveur : Dans certaines traditions, des sacrifices de sang sont faits à des divinités, des esprits ou des ancêtres pour rechercher leur bénédiction, leur faveur ou leur intervention dans les opérations magiques. Ceci est particulièrement courant dans les rituels destinés à invoquer des esprits protecteurs, à gagner en pouvoir ou à attirer le succès.

Scellement de contrats ou de liens : Le sang est également utilisé pour sceller des accords ou des liens dans la magie amoureuse, les pactes avec les esprits ou pour créer de solides barrières protectrices. Il agit comme une représentation physique de la connexion spirituelle et garantit l'accomplissement des promesses faites pendant le rituel.

Malédictions et vengeance : Le sang est parfois utilisé dans des sorts plus sombres, en particulier des malédictions ou des rituels de vengeance. Le sang du praticien est utilisé pour lier la malédiction à la cible, ce qui rend le sort particulièrement puissant et irréversible.

Ingrédients pour le rituel du sang :

Sang:

Sang humain : Souvent, les pratiquants utilisent leur propre sang, en particulier pour des sorts de liaison, des pactes personnels ou des malédictions profondément personnelles. Le sang est généralement prélevé à partir du doigt, de la paume ou d'une petite zone où il peut être libéré en toute sécurité.

Sang animal : Dans certaines cultures, le sang d'animaux, tels que les chèvres, les poulets ou les bovins, peut être utilisé dans des rituels de sacrifice ou comme offrande à des divinités ou à des esprits.

Sang de la cible : Dans certains sorts de vengeance ou d'amour, les pratiquants peuvent utiliser le sang de l'individu qu'ils tentent d'influencer. Cela peut être obtenu à partir d'objets personnels comme des cheveux, des ongles ou même du sang directement de la cible, si possible.

Bougies:

Bougies rouges ou noires : Elles sont souvent utilisées dans les rituels de sang. Les bougies rouges symbolisent la vie, la passion et l'énergie (pour les rituels d'amour ou de protection), tandis que les bougies noires sont utilisées à des fins plus sombres comme la malédiction ou la liaison.

Herbe:

Des herbes comme le romarin, le bois de santal et la myrrhe peuvent être utilisées pour purifier ou améliorer le rituel. On pense que certaines herbes attirent certaines énergies ou esprits, tandis que d'autres sont utilisées pour protéger le praticien des effets secondaires négatifs des rituels sanguins.

Couteau rituel (Athame) :

Un couteau, un poignard ou une lame rituelle est utilisé pour prélever le sang ou faire les coupes nécessaires au rituel. Le couteau représente souvent un outil de séparation, ouvrant des portes vers des royaumes spirituels ou coupant à travers des obstacles.

Un espace sacré ou un autel :

Un autel ou un espace bien préparé est essentiel pour le rituel du sang. Cela comprend un cercle de protection, des objets représentant les désirs du praticien (tels que des photos de la cible pour les malédictions ou des objets d'amour pour la liaison), et des offrandes aux esprits ou aux divinités impliqués.

Sel:

Le sel est souvent utilisé pour purifier l'espace, protéger le praticien et sceller le rituel. Dans certains cas, il est également utilisé pour marquer les limites de l'espace rituel afin d'éviter l'interférence de forces indésirables.

Offrande sacrificielle :

Si le rituel est destiné à un esprit extérieur ou à une divinité, une offrande d'encens, de nourriture ou un sacrifice plus élaboré (comme le sang d'un animal) peut être inclus.

Mantra pour le rituel du sang (en Français, arabe et berbère) :

Le mantra utilisé dans un rituel de sang comprend généralement des mots de pouvoir qui invoquent les esprits, les divinités ou les ancêtres pour sceller le lien créé par le sang et assurer le succès du rituel.

Français :

« Par le pouvoir du sang et de la vie, j'appelle les forces pour lier ma volonté. Que ce sacrifice scelle mes désirs, produise ma puissance et m'apporte le résultat que je recherche. Que ce sang coule comme un canal pour que les esprits portent ma volonté. Qu'il en soit ainsi.

Arabe (translittéré) :

« Bi quwwat al-dam wa al-hayat, ad'oo quwat al-arwah li rabt iradati. Li-yakun hadhihi al-dhabihah as-silsilah li-raghbati, wa tajlibu li-quwati, wa tajlibu li-al-matluubi. Liyatir hadha ad-dam kana al-qanal li arwah li-hamal iradati. Fa-li-yakun.

(بقوة الدم والحياة، أدعو قوات الأرواح لربط إرادتي. لتكن هذه الذبيحة السلسلة لرغبتي، وتجلب لي قوتي، وتجلب لي المطلوب. ليعبر هذا الدم قناة للأرواح لحمل إرادتي. فليكن.)

Berbère (tamazight) :

"N tyerdayt n asir, n tlemḥid n lḥayat, ad-tufr aqqar n tiddin. Lḥaf n tfruqt aseggas am ancdduk, akked agmaz n iggur n imeddukal. Ttsabḥal.

Exécution du rituel du sang :

Préparez l'espace :

Choisissez un espace sacré ou privé où vous ne serez pas dérangé. Il est préférable de tracer un cercle de protection autour de votre espace, en utilisant du sel ou de l'encens pour purifier la zone. Cela crée une barrière entre le monde physique et les énergies spirituelles auxquelles vous souhaitez faire appel.

Si vous effectuez un sacrifice dans le cadre du rituel, préparez l'autel et les offrandes de sacrifice à l'avance. Assurez-vous que l'espace est propre et sacré pour le travail que vous vous apprêtez à effectuer.

Rassemblez les ingrédients :

Préparez le sang, qu'il provienne de votre propre corps ou d'un animal. Assurez-vous d'avoir un couteau rituel pour prélever le sang en toute sécurité.

Préparez vos bougies, herbes, photos ou objets personnels, selon la nature du sort (vengeance, amour ou protection).

Faire couler le sang :

Utilisez le couteau rituel ou le poignard pour faire une petite incision sur votre doigt, votre paume ou d'autres parties de votre corps. Dans certains cas, le sang d'un animal peut être prélevé à l'aide d'une lame cérémonielle.

Lorsque vous faites couler le sang, concentrez-vous sur votre intention. Visualisez le résultat que vous voulez obtenir, qu'il s'agisse de lier la magie à votre volonté, de chercher à vous venger ou d'invoquer le pouvoir. Vous pouvez également offrir le sang à un esprit ou à une divinité pendant le rituel.

Effectuez le rituel :

Une fois que le sang est prélevé, il est soit versé sur un objet, tel qu'une photo, un sceau ou un symbole, soit oint sur un autel ou un objet sacré.

Récitez le mantra pendant que vous canalisez votre énergie dans le rituel. Si vous utilisez le sang pour lier, dessinez le symbole de liaison sur la photo ou l'objet de la cible avec le sang. Si vous recherchez le pouvoir ou la vengeance, imaginez le sang couler et porter vos souhaits dans le domaine spirituel.

Terminez le rituel :

Une fois que vous avez terminé le rituel, éteignez les bougies et jetez toutes les offrandes. Si vous avez utilisé du sang dans le rituel, l'offrande doit être éliminée d'une manière qui symbolise la fin de l'œuvre magique. Certains pratiquants enterrent l'offrande dans la terre, la jettent dans l'eau courante ou la brûlent pour symboliser la libération d'énergie.

Horaire/Calendrier :

Heure : Minuit, la nouvelle lune ou la lune décroissante sont des moments idéaux pour les rituels sanguins, en particulier pour les sorts de liaison ou de malédiction. Ces temps représentent l'obscurité, les fins et la transformation de l'énergie.

Jour de la semaine : Le mardi (le jour de Mars) est souvent lié aux conflits, aux agressions et au pouvoir, ce qui en fait un jour puissant pour les rituels sanguins associés à la vengeance ou à la force.

Fréquence : Les rituels sanguins ne sont généralement pas répétés fréquemment. Ils sont censés être un acte unique et puissant qui a des effets durables. L'utilisation excessive de rituels sanguins peut épuiser l'énergie du praticien ou entraîner des conséquences inattendues.

Conclusion:

Les rituels sanguins sont des formes puissantes et dangereuses de magie noire. Ils lient la puissance du rituel au sang du pratiquant ou d'un sacrifice, canalisant la force vitale et l'énergie spirituelle. Bien que ces rituels puissent être très efficaces pour l'amour, la vengeance ou la protection, ils s'accompagnent d'une grande responsabilité. Le sang n'est pas seulement un matériau ; Il est considéré comme une force sacrée qui porte à la fois la vie et la mort. Les praticiens doivent procéder avec prudence, comprenant les conséquences profondes de l'utilisation du sang dans leurs opérations magiques.

Sorts pour enlever Baraka (Bénédiction)
Rituels pour maudire quelqu'un en lui retirant sa « baraka », ou bénédiction divine, pour le rendre malchanceux ou malade.

But du sort :
Pour éliminer la bonne fortune : Le but principal de cette malédiction est de priver quelqu'un de la Baraka ou de la bénédiction spirituelle, le laissant vulnérable au malheur. Il peut s'agir de malchance, de maladie, d'échecs ou d'une perte de protection.
Pour affaiblir l'esprit d'une personne : Sans Baraka, on croit qu'une personne devient spirituellement faible, sujette aux influences négatives des djinns, des esprits malveillants ou même d'autres malédictions. Le manque de faveur divine peut les faire se sentir perdus ou abandonnés.

Rendre quelqu'un vulnérable : L'élimination de Baraka est un acte d'attaque spirituelle visant à affaiblir l'individu afin que d'autres énergies négatives ou malédictions puissent s'installer, telles que la maladie, la pauvreté ou l'échec personnel.

Ingrédients pour le rituel d'élimination de la Baraka :

Objets personnels de la cible :

Les vêtements, les cheveux ou les photos de la personne que vous souhaitez maudire peuvent être utilisés pour relier le rituel à celle-ci. On pense que ces objets détiennent une partie de leur essence spirituelle, ce qui les rend très efficaces pour lier le sort à la cible.

Sel noir :

Le sel noir est couramment utilisé dans les rituels de malédiction. On pense qu'il absorbe les énergies négatives et peut être saupoudré autour de la cible ou utilisé pour marquer une zone où le sort aura lieu.

Bougie (noire ou de couleur foncée) :

Une bougie noire ou une bougie de couleur sombre (comme le bleu foncé ou le violet) représente l'élimination de la lumière, la dissipation des bénédictions et l'introduction de l'obscurité dans la vie dc la cible.

Cendres ou saleté :

Les cendres d'un objet brûlé associé à la cible (comme sa photo ou son objet personnel) peuvent être utilisées pour symboliser l'incendie ou la destruction de sa Baraka. La saleté ou la terre d'une tombe ou d'un endroit malheureux peut également être utilisée pour représenter la décadence spirituelle.

Herbes ou plantes :

La rue (Ruta graveolens) et les plantes épineuses sont utilisées dans les rituels d'enlèvement car elles représentent la coupe des bénédictions. On pense que ces plantes ont des propriétés protectrices ou purifiantes lorsqu'elles sont utilisées à l'envers.

Oeuf (facultatif) :

Dans certaines cultures, un œuf est utilisé pour absorber l'énergie négative. L'œuf peut être passé sur le corps ou sur des photos de la cible pour « aspirer » la bénédiction et la vitalité spirituelle, puis être brisé et éliminé.

Eau :

L'eau stagnante ou polluée (comme celle d'un ruisseau sale ou de l'eau de pluie) est parfois utilisée dans ce type de rituel pour laver les bénédictions. Le symbolisme ici est que la pureté de la bénédiction divine est entachée.

Encens :

L'encens tel que l'encens, la myrrhe ou l'encens noir est utilisé pour purifier l'espace et invoquer les esprits impliqués dans le rituel, qu'il s'agisse d'esprits de protection ou de destruction.

Couteau ou lame :

Un couteau ou une dague rituelle (comme un athame) est utilisé pour la coupe symbolique, coupant littéralement le lien entre la cible et sa bénédiction.

Mantra pour le sort de suppression de Baraka (en Français, arabe et berbère) :

Un mantra ou un chant est souvent utilisé pour se concentrer sur l'intention du pratiquant et communiquer avec les esprits ou les forces impliquées dans la malédiction. Vous trouverez ci-dessous un exemple du type de langage qui pourrait être utilisé.

Français :

« Par les ténèbres que j'invoque, j'appelle les esprits à prendre la bénédiction de [Nom]. Que leur fortune tourne, que leurs forces s'évanouissent et que leur prospérité s'évanouisse. Alors que cette flamme brûle, leur Baraka fait de même. Ne leur faites connaître que la perte, le malheur et la douleur. C'est ainsi que c'est fait.

Arabe (translittéré) :

« Bismi al-'azama wa al-shayatin, ad'oo al-arwah li-siyadat barakat [Nom]. Li-taqdir a'sharatu sh-shaytan wa tajfiyu quwatihim. Kamā an tataʿaddal al-nar, kayfa tata'addal barakatihim. Li-ya'ishu faqrā, wa ḥazan, wa masāʾib. Fa-li-yaqad.

بسم) العظمة الشياطين، وأدعو الأرواح لسيادة بركة [الاسم]. لتقدير عشرة الشيطان وتجفيف قوتهم. كما أن تتعدل النار، كيف تتعدل بركتهم. ليعيشوا فقراً، وحزناً، ومصائب. (فَلْيَقَد.)

Berbère (tamazight) :

"Imik n iddaɣ-nni, ad-yettn-ighd azzayt n [Nom]. Ad-sheḥk oɣlalen-nni, ur yissin lḥrira s [Nom]. Azzayt-nni yehraḥ, llah n waɣen s imazigh. Zwir oɣlalen, akked imḍu n lmisa.

Exécution du sort pour éliminer Baraka :

Préparez l'espace :

Commencez par mettre en place un espace rituel dans un espace privé où vous pourrez vous concentrer sans être dérangé. Créez un cercle de protection pour vous protéger de tout contrecoup ou préjudice qui pourrait découler de la malédiction.

Placez les objets personnels de la cible (photo, vêtements, etc.) sur votre autel ou votre plan de travail.

Préparez les ingrédients :

Allumez la bougie noire et l'encens. Placez du sel noir autour des objets personnels de la cible, créant une barrière symbolique de négativité autour d'eux.

Si vous utilisez des cendres, saupoudrez-les autour des objets de la cible, représentant l'incendie de sa Baraka.

Invoquez la malédiction :

Récitez le mantra tout en vous concentrant sur la cible. Pendant que vous chantez, visualisez la Baraka qui s'éloigne d'eux, comme une lumière qui s'éteint dans les ténèbres.

Si vous utilisez un couteau ou une lame, utilisez-le symboliquement pour couper le lien entre la cible et sa bénédiction divine. Vous pouvez également utiliser le couteau pour « couper » leurs objets personnels.

Absorbez la bénédiction :

Si vous utilisez un œuf, passez-le sur les objets personnels ou sur la photo de la cible. On pense que l'œuf absorbe le Baraka, et une fois que vous sentez que l'énergie a été « siphonnée », cassez l'œuf dans un bol d'eau pour nettoyer l'énergie négative.

Alternativement, vous pouvez verser de l'eau sale sur les objets de la cible, car on pense que cela pollue leur essence spirituelle et supprime leurs bénédictions.

Terminez le rituel :

Laissez la bougie noire brûler complètement, symbolisant la suppression de la bénédiction. Pendant qu'il brûle, visualisez la bonne fortune de la cible s'estomper.

Jetez les matériaux (œuf, cendres, sel noir) avec soin. De nombreux pratiquants les enterrent dans un endroit désolé ou les jettent dans l'eau courante pour emporter la malédiction et rompre le lien avec la cible.

Horaire/Calendrier :

Temps : La lune décroissante ou la nouvelle lune sont les moments les plus puissants pour supprimer les bénédictions, car ils représentent une période de déclin et de retrait de l'énergie.

Jour de la semaine : Le samedi, traditionnellement un jour de Saturne (associé à la mort, aux fins et à la décomposition), est idéal pour les rituels d'enlèvement. Le mardi peut également être utilisé pour un travail de malédiction plus agressif ou hostile.

Fréquence : Ce sort ne doit être effectué qu'une seule fois, mais si nécessaire, il peut être répété après un cycle lunaire ou une fois que les effets commencent à s'estomper.

Conclusion:

Enlever la Baraka de quelqu'un est une forme sérieuse et puissante de magie noire. Il s'agit de priver la faveur divine, laissant la cible vulnérable au malheur et à la décadence spirituelle. Bien que le rituel puisse être efficace pour affaiblir la force vitale d'un individu, il exige une grande responsabilité. Les pratiquants doivent toujours être prudents, car la suppression des bénédictions peut inviter des énergies négatives dans l'environnement, affectant potentiellement à la fois la cible et le pratiquant.

Sort de liaison avec du sel

Utiliser le sel comme moyen d'exécuter des sorts de liaison ou de se protéger contre les esprits malveillants ou les ennemis.

But du sort :

Lier ou restreindre : L'objectif principal est de lier les actions ou le pouvoir de quelqu'un ou de quelque chose, qu'il s'agisse d'un ennemi, d'un esprit indésirable ou d'une influence néfaste. Ce sort peut limiter les actions ou les intentions d'une personne, la rendant bloquée, impuissante ou incapable d'agir avec malice.

Pour protéger : Ce sort peut également être utilisé pour créer une forte protection pour vous-même ou pour les autres en enfermant une personne ou un espace dans une « barrière de sel » énergétique qui empêche le mal d'entrer.

Pour prévenir les influences négatives : Si vous sentez que des esprits malveillants ou des forces négatives sont présents, le sel agit comme un moyen de dissuasion spirituel, les empêchant de traverser ou de causer des dommages. L'aspect contraignant peut empêcher ces entités de se manifester ou de poursuivre leur travail.

Ingrédients pour le sort de liaison de sel :

Sel (de préférence sel de mer ou sel de l'Himalaya) :

Le sel est utilisé comme moyen principal dans ce sort, car on pense qu'il absorbe l'énergie négative et crée une barrière puissante.

Objet personnel ou photo de la cible (facultatif) :

S'il s'agit de lier une personne ou un esprit, une photo ou un objet personnel comme des cheveux, des rognures d'ongles ou un vêtement peut renforcer le lien avec la cible.

Bougie noire (facultatif) :

Une bougie noire est souvent utilisée dans les sorts de liaison pour représenter le scellement des énergies négatives et la restriction des forces malveillantes.

Herbes protectrices (facultatif) :

Des herbes comme le romarin, la sauge ou les feuilles de laurier sont utilisées pour la purification et la protection, augmentant la force du sort.

Petit pot ou récipient (facultatif) :

Un petit bocal peut être utilisé pour contenir physiquement l'énergie de liaison et piéger le pouvoir ou l'influence de la cible.

Encens (facultatif) :

L'encens ou l'encens à la myrrhe peuvent être brûlés pour purifier l'espace et invoquer la protection spirituelle nécessaire à la liaison.

Papier et stylo (facultatif) :

Du papier et un stylo sont utilisés si vous devez écrire le nom ou l'intention de la personne ou de l'esprit que vous souhaitez lier.

Mantra pour le sort de liaison du sel (en Français, arabe et berbère) :

Un chant ou un mantra est utilisé pour renforcer le sel et activer l'énergie de liaison. Vous pouvez réciter ce qui suit pendant l'exécution du rituel.

Français:

« Par la puissance du sel, je lie ta volonté,

Pour vous retenir, pour rester immobile.

Vos mouvements sont figés, vos actions sont scellées,

Aucun mal ne passera, aucun mal ne sera révélé.

Ce sort est lancé, et tu ne bougeras pas,

Jusqu'à ce que le moment soit opportun et que ma volonté soit prouvée.

Arabe (translittéré) :

« Bi quwat al-milh, u'aqid iradatak,

Li-'akhdh as-sabil, wa li-'ayyid.

Harakatak majmu'a, a'malak maqtū'a,

La sharara tatbū', la shay' yujad.

Hadha as-sir mabsūt, wa-lā tataḥarrak,

Hatta yatee waqt al-ḥukm wa-as-sidr.

(بقوة الملح، أعقد إرادتك،

لأخذ السبيل، ولأييد.

حركتك مجمعة، أعمالك مقطوعة،

لا شرارة تتبع، لا شيء يوجد.

هذا السحر مبسوط، ولا تتحرك،
حتى يأتي وقت الحكم والسدر.)

Berbère (tamazight) :
"Aḍrar n umesslay, ad-tḥemmel γerz,
Aγil-awen n ṭṭad, ad-yeffus.
Amur-nnegh adra, axxam-nnegh adya,
Votre Tessin Ameslay, Votre Tsellek Lḥar.
Amazigh n umesslay, ton ssin γerzem,
Afud-t alit ad uqqaren w yasuffayen."

Exécution du sort de liaison avec du sel :
Préparez votre espace :
Créez un espace sacré pour le rituel. Cela pourrait être dans votre maison, mais il est important de réserver un endroit calme et non perturbé pour votre travail. Vous pouvez dessiner un cercle de protection autour de vous pour plus de sécurité.
Préparez les ingrédients :
Allumez la bougie noire (si vous en utilisez) et brûlez de l'encens pour purifier l'espace.
Installez l'objet personnel ou la photo de la personne (ou de l'esprit) à lier au centre de votre espace de travail.
Saupoudrez un cercle de sel autour de l'image de la cible, formant une limite qui symbolise sa restriction.
Écrivez le nom (facultatif) :

Si vous ligotez une personne, écrivez son nom complet (ou le nom de l'esprit) sur une feuille de papier. Placez ce papier au centre du cercle de sel, en vous concentrant sur votre intention de les empêcher de vous nuire ou de vous influencer.

Chantez le mantra :

Récitez le mantra trois fois, en vous concentrant sur la cible et le sel. Visualisez le sel devenant plus puissant, construisant une barrière énergétique autour de la cible. Voyez-les devenir incapables d'agir, leurs mouvements figés par la puissance du sel.

Scellez la reliure :

Si vous utilisez un petit bocal ou un petit récipient, placez le sel, l'objet personnel et le nom écrit (le cas échéant) à l'intérieur du bocal. Fermez hermétiquement le couvercle, symbolisant la liaison et le scellement du pouvoir de la cible.

En fermant le bocal, dites :

« Vous êtes liés, vous êtes scellés. Votre pouvoir est limité, et votre influence n'existe plus.

Jetez la reliure (facultatif) :

Si vous n'utilisez pas de bocal, vous pouvez soit enterrer le cercle de sel dans un endroit isolé, soit le jeter dans l'eau courante pour emporter le lien loin de vous. Le fait d'enterrer ou de jeter symbolise que l'influence de la cible a disparu et ne peut pas revenir.

Horaire/Calendrier :

Temps : La lune décroissante est un moment puissant pour lier des sorts car elle représente la diminution de l'énergie, parfaite pour arrêter les actions ou restreindre la puissance.

Jour de la semaine : Le samedi (le jour de Saturne) est le plus puissant pour les sorts de liaison, car Saturne est associé à la limitation, à la restriction et au karma.

Fréquence : Ce sort est généralement effectué une fois et est censé être permanent. Cependant, si nécessaire, il peut être relancé lors du prochain cycle de lune décroissant.

Conclusion:

Le sort de liaison de sel est un rituel puissant et puissant utilisé pour la protection et la restriction. Qu'il s'agisse de prévenir des dommages, d'arrêter un ennemi ou de lier un esprit négatif, le sel est un puissant moyen de protection et de purification. L'aspect contraignant vous permet d'empêcher quelqu'un ou quelque chose d'influencer votre vie, ce qui en fait un outil efficace pour la défense spirituelle et l'autonomisation personnelle. Effectuez toujours ces rituels avec une intention claire et dans le respect des forces en jeu.

Invocations sataniques

Certains sorts impliquent d'invoquer les pouvoirs de Satan ou des esprits maléfiques, bien que ceux-ci soient rares et souvent considérés comme tabous.

Objectif du sort d'invocation satanique :
Pour invoquer et commander Satan ou les mauvais esprits :

Le but principal d'une invocation satanique est d'invoquer le pouvoir de Satan ou des mauvais esprits pour obtenir un pouvoir personnel, satisfaire des désirs ambitieux ou chercher à se venger. Ces invocations impliquent souvent de faire un pacte ou d'offrir son âme pour gagner la faveur de ces forces obscures.

Pour gagner en pouvoir et en influence :

On pense que les invocations sataniques offrent au pratiquant une émancipation personnelle, y compris la richesse, la renommée, la connaissance et l'influence. Cela se fait souvent en échange de l'âme, de la loyauté ou du service à l'esprit invoqué.

Pour décréter la vengeance ou les malédictions :

Certains pratiquants utilisent des rituels sataniques pour invoquer des esprits maléfiques afin de maudire un ennemi, de se venger ou de faire du mal à ceux qu'ils considèrent comme des adversaires.

Pour obtenir des connaissances interdites :

Dans de nombreuses invocations sataniques, le praticien recherche la connaissance occulte, la sagesse ou les enseignements secrets de Satan ou des esprits sombres.

Ingrédients pour l'invocation satanique :

Bougie noire (ou plusieurs bougies) :

La bougie noire est souvent utilisée pour représenter l'obscurité ou le vide. Il est allumé pour établir une connexion avec les esprits sombres ou Satan. Plusieurs bougies peuvent être utilisées pour entourer le pratiquant, créant ainsi une atmosphère de concentration rituelle.

Pentagramme ou sceau de Satan :

Un pentagramme ou le sceau de Satan est couramment utilisé dans les rituels sataniques comme symbole de pouvoir et une porte d'entrée pour invoquer les esprits sombres. Il est généralement dessiné sur le sol, dans les airs ou sur une feuille de papier.

Sang (animal ou humain) :

Certaines invocations sataniques impliquent l'utilisation du sang comme offrande. Il peut s'agir du propre sang du praticien ou du sang d'un animal sacrificiel. On croit que le sang symbolise la force vitale et est considéré comme une offrande qui renforce l'invocation.

Un couteau rituel (dague) :

Un couteau ou un poignard rituel est souvent utilisé dans les invocations sataniques pour sculpter des sceaux, découper des symboles en objets ou même faire une offrande de sang.

Encens (facultatif) :

L'encens ou l'encens à la myrrhe peuvent être utilisés pour la purification, mais dans les rituels sataniques, l'encens au soufre est préféré pour symboliser la puissance infernale et les ténèbres.

Tissu noir ou robes rituelles :

Le pratiquant peut porter des vêtements sombres ou des robes rituelles pour représenter son lien avec les forces occultes et démoniaques.

Pacte ou accord écrit (facultatif) :

Un pacte ou un contrat avec Satan peut être écrit sur du parchemin ou du papier, symbolisant l'accord entre le pratiquant et l'entité invoquée. On croit que cet accord lie le pratiquant à l'esprit en échange du pouvoir.

Miroir (facultatif) :

Dans certaines invocations, un miroir est utilisé comme un portail pour invoquer des esprits ou pour permettre la communication avec Satan. On croit que le miroir reflète la puissance de l'esprit dans le monde matériel.

Mantra pour l'invocation satanique (en Français, arabe et berbère) : Le mantra ou le chant utilisé dans les invocations sataniques est destiné à invoquer, commander et lier le mauvais esprit ou Satan. Ces invocations sont souvent prononcées de manière répétitive ou rituelle afin d'établir un lien plus profond avec les forces invoquées.

Français :
« J'invoque les puissances des ténèbres,
J'invoque Satan, Seigneur des Enfers,
Accorde-moi ta puissance, ta sagesse, ta fureur,
J'offre mon âme en échange de votre faveur.
Sortez de l'abîme, et répondez à mon appel.
Par ta volonté, je serai fortifié.

Arabe (translittéré) :
« A'ūdhu bi-quwāti ash-shayāṭīn,
Astu'īdh min al-'āmāl al-mushrikīn,
Ahdī 'alā r-rūḥ wa-s-sulṭān,
'Atīni quwwatak, ḥikmatak, ghāḍabik,
Nāqaṭu rūḥī li-tabāt al-'itā'āt.
Ijdī min al-ḥabīs wa-ājīb da'watī.

(أعوذ بقوة الشياطين،
أستعيذ من الأعمال المشركين،

والسلطان الروح على أهدي،
قوتك أعطني، حكمتك، غضبك،
العطيات لتبعات روحي ناقطوا.
(دعوتي وأجيب الحابس من إجدي.)

Berbère (tamazight) :

"Nekki n taddart n wanu,

Nekki nniden n Satan, ammul n wudjāl,

Azzul γir ṣ-ṭṭur, izγan-ik, rras-ik,

Iḥudda n wakhdim n wadda,

Tadduk n ḥaqq ad dagh.

Exécution de l'Invocation satanique :

Préparez l'espace :

Trouvez un espace calme et isolé où vous ne serez pas dérangé. Cet espace doit être exempt de distractions. Il est recommandé que l'espace soit sombre ou éclairé uniquement par des bougies noires.

Mettre en place le cercle rituel :

Dessinez le sceau ou le pentagramme de Satan sur le sol ou la surface où vous allez accomplir le rituel. Entourez la zone de bougies noires et disposez-les selon un motif qui résonne avec le rituel.

Faites votre offrande :

Si vous offrez du sang, sacrifiez une petite quantité et placez-la dans un récipient ou sur un morceau de tissu. Ceci est destiné à symboliser votre engagement et votre pacte de sang avec l'esprit des ténèbres.

Chantez le mantra :

Récite le mantra ou l'invocation à haute voix, en te concentrant sur le désir ou le pouvoir que tu souhaites obtenir de Satan ou des mauvais esprits. Faites-le de manière contrôlée et répétitive, en permettant aux mots d'approfondir votre connexion avec les forces que vous invoquez.

Focus sur le portail :

Si vous utilisez un miroir, un sceau ou un pacte, concentrez votre attention dessus, en visualisant l'ouverture d'une porte pour Satan ou les esprits. Sentez l'énergie s'intensifier au fur et à mesure que le rituel progresse.

Sceller le rituel :

Une fois que vous sentez que le rituel a atteint son apogée, remerciez Satan ou les mauvais esprits et terminez le rituel en soufflant les bougies ou en éteignant les flammes. Si vous avez fait un pacte, signez-le avec votre propre sang (si nécessaire).

Horaire/Calendrier :

Heure : L'heure de minuit ou l'heure des sorcières (généralement entre 12h00 et 3h00) est considérée comme la plus puissante pour les invocations sataniques. C'est le moment où l'on croit que le voile entre les mondes spirituel et physique est le plus mince.

Jour de la semaine : Le samedi (le jour de Saturne) est généralement utilisé dans les rituels sataniques car il est associé à la restriction, à l'obscurité et à l'occultisme.

Fréquence : Une invocation satanique n'est souvent effectuée qu'une seule fois dans un but particulier, mais si des pactes sont conclus, ils peuvent être renouvelés pendant certaines périodes de temps ou des événements importants dans le calendrier occulte.

Conclusion:

Les invocations sataniques représentent les formes les plus sombres de magie noire, où les pratiquants cherchent à invoquer des esprits sombres ou Satan pour obtenir un pouvoir personnel ou réaliser des désirs interdits. De tels rituels sont pleins de dangers spirituels, et les pactes qu'ils impliquent peuvent avoir un coût personnel élevé. Ces pratiques sont taboues, souvent considérées comme mauvaises et comportent un risque moral et spirituel élevé. À des fins littéraires ou fictives, de tels sorts peuvent être utilisés pour illustrer les conséquences de la recherche du pouvoir par des forces malveillantes. Il faut faire preuve de prudence lors de l'écriture ou de l'exploration de tels thèmes, car ils reflètent des dilemmes moraux complexes qui ont de profondes conséquences.

Magie du cimetière

Utiliser la terre ou les os du cimetière pour effectuer de sombres rituels, souvent pour la nécromancie, l'invocation d'esprits ou la malédiction des autres.

Objectif du rituel magique du cimetière :

Nécromancie (Invocation des morts) :

L'objectif principal de la magie de cimetière est souvent la nécromancie, la pratique de communiquer avec les esprits du défunt pour obtenir des connaissances, des conseils ou des réponses à des questions au-delà du monde vivant. Il peut également s'agir d'invoquer des esprits à des fins rituelles.

Malédiction ou lien avec des os :

Un praticien peut utiliser des os de la tombe pour maudire un ennemi ou lier la volonté d'une personne. L'idée est que les os du défunt ont un lien avec l'au-delà, et à travers ce lien, le praticien peut causer du tort ou exercer un contrôle sur les autres.

Gagner du pouvoir d'entre les morts :

Le rituel peut également viser à obtenir du pouvoir ou une influence spirituelle des esprits du défunt. Cela peut impliquer l'invocation d'esprits pour donner au pratiquant le pouvoir de réaliser ses désirs.

Manipulation spirituelle :

En invoquant des esprits à l'aide de matériaux de cimetière, le praticien peut chercher à manipuler les morts pour qu'ils obéissent à leurs ordres, soit pour se protéger, se venger ou pour obtenir un gain personnel. Cette manipulation nécessite souvent des rituels intenses pour s'assurer que les esprits sont soumis.

Ingrédients pour Graveyard Magic :

Sol du cimetière :

La terre d'un cimetière est utilisée dans de nombreux rituels pour symboliser le lien avec l'au-delà et les morts. On pense que le sol transporte l'énergie du défunt et peut être utilisé pour invoquer des esprits ou comme moyen de malédictions.

Os (humains ou animaux) :

Les os d'une tombe ou d'un cimetière sont utilisés pour lier les esprits ou pour créer de puissants talismans qui ont une signification surnaturelle. Ces os peuvent également servir de récipient pour les malédictions ou d'offrandes aux esprits.

Cendres du cimetière :

Les cendres d'une tombe ou d'os brûlés peuvent également être utilisées dans des rituels pour invoquer des esprits ou pour maudire. Les cendres représentent les restes des morts et leur lien avec l'au-delà.

Bougies (noires ou rouges) :

Les bougies noires représentent la mort et l'obscurité, tandis que les bougies rouges sont utilisées pour symboliser la force vitale ou le sang, qui peut être offert aux esprits comme une forme de sacrifice.

Encens (myrrhe ou encens) :

L'encens est utilisé pour la purification, les offrandes rituelles et pour établir une atmosphère spirituelle. La myrrhe et l'encens sont souvent utilisés dans les rituels de cimetière pour leur lien avec la mort et les royaumes spirituels.

Un poignard rituel (ou couteau en os) :

Un couteau rituel ou un couteau en os est utilisé pour sculpter des symboles, créer des offrandes ou effectuer des sacrifices sanglants. Il symbolise le pouvoir du pratiquant sur la vie et la mort.

Un récipient rituel :

Un récipient, souvent un bol, une jarre ou un calice, est utilisé pour maintenir la terre, les cendres ou les os du cimetière au centre du rituel. Il peut également contenir des offrandes aux esprits ou être utilisé pour recueillir du sang pendant le rituel.

Un symbole sacré (pentagramme, ankh, etc.) :

Un pentagramme ou d'autres symboles occultes peuvent être utilisés pour définir l'espace rituel et pour protéger le pratiquant lors de ses interactions avec les morts. Le symbole sert de passerelle entre les royaumes des vivants et des morts.

Mantra pour la magie du cimetière (en Français, arabe et berbère) :

Le mantra utilisé dans les rituels de cimetière est généralement une invocation pour appeler les esprits de la tombe, demandant souvent leur aide dans des malédictions, des conseils ou des connaissances.

Français:

« Esprits de la tombe, entendez mon appel,

De l'ombre, montent et descendent.

Je t'appelle de la terre et des os,

Accorde-moi le pouvoir, fais-moi connaître.

Par la terre et la cendre, je prononce ton nom,

Donne-moi de la force, dans la flamme sombre de la mort.

Arabe (translittéré) :

« Arwāḥ al-qabr, asma'ū da'watī,

Min al-ẓilāl, qūmū wa-ʿūdū.

Astaḥdirukum min at-turāb wa-al-'iẓām,

A'ṭīnī quwwa, aj'alnī ma'rūfān.

Bi-al-'ardh wa-al-ramād, usammī ismukum,

A'ṭīnī quwwa, fi-sharār al-mawt.

،أرواح القبر، اسمعوا دعوتي)
من الظلال، قوموا وعودوا.
،أستحضرُكم من التراب والعظام
أعطِني قوة، اجعلني معروفًا.
،بالأرض والرماد، أسمي اسمكم
(.أعطني قوة، في شرار الموت

Berbère (tamazight) :
"Izwag n uqbara, sgint asmid,
Mizz leqbayel, ddu u-ssnummim.
Nekki nniḍen i-ṭṭurb u-iḍdam,
Azzul ɣir quwwati, anzud ɣir axxam.
Bi-rrḍ u-rrmād, i-summi imi-ik,
Azzul ɣir quwwati, fi-ṣ-ṣḥir n tamurt.

Exécution du rituel magique du cimetière :

Préparez l'espace :

Choisissez un endroit calme et isolé, comme un cimetière ou un cimetière (pour le rituel le plus authentique) ou une pièce sombre qui symbolise les morts. Si le rituel doit être effectué à l'intérieur, la pièce doit être sombre et la seule lumière provenant de bougies noires.

Rassembler les matériaux :

Récupérez la terre, les os ou le gravier nécessaires au cimetière. La terre doit être recueillie sur la tombe d'une personne décédée tragiquement ou violemment afin de maximiser la puissance du rituel.

Les os utilisés dans le rituel doivent être placés en cercle autour du pratiquant.

Créez des symboles sacrés :

Dessinez un pentagramme ou d'autres symboles sacrés sur le sol autour de l'espace rituel pour vous protéger des esprits malveillants et guider le rituel. Placez les os à l'intérieur ou autour du pentagramme.

Invoquez les esprits :

Chantez le mantra à haute voix trois fois sur un ton rythmé et autoritaire pour appeler les esprits de la tombe. Tenez les os ou la terre dans votre main et visualisez les esprits émergeant de la tombe, répondant à votre appel.

Offrir un sacrifice (facultatif) :

Certains rituels impliquent un sacrifice de sang, où le pratiquant peut offrir une petite coupure à sa propre main ou à un animal. Ce sang peut être versé sur les os, le sol ou les vaisseaux au centre du cercle.

Clôture du rituel :

Après l'invocation et après avoir reçu des visions ou des messages des esprits, remerciez les esprits de leur présence et de leur aide. Terminez le rituel en éteignant les bougies et en dispersant la terre ou les os dans le cimetière, ramenant les esprits à leurs lieux de repos.

Horaire/Calendrier :

Heure : Le rituel doit être effectué à minuit ou pendant l'heure des sorcières (généralement entre 12h00 et 3h00), lorsque le voile entre les vivants et les morts est considéré comme le plus mince.

Jour de la semaine : Le samedi, le jour des morts et de Saturne, est idéal pour la magie des cimetières, car il est associé à la mort, à la décomposition et aux ténèbres.

Fréquence : Ce rituel est généralement effectué une fois pour un objectif spécifique ou une malédiction. Cependant, des répétitions peuvent se produire si des pactes avec les esprits sont faits pour une influence à long terme.

Conclusion:

La magie du cimetière est une forme dangereuse et interdite de nécromancie utilisée pour invoquer des esprits, rechercher la connaissance ou maudire les autres en utilisant la terre, les os et d'autres matériaux associés aux morts. Ce rituel comporte de nombreux risques spirituels, car travailler avec les morts peut invoquer des forces malveillantes et entraîner des conséquences spirituelles pour le pratiquant. À des fins littéraires ou fictives, la magie des cimetières est un outil puissant et sombre pour explorer les thèmes de la mort, du pouvoir et de la connaissance interdite. Il représente une porte vers l'inconnu, mais il peut aussi avoir des conséquences dangereuses.

Conclusion

La magie noire en Afrique du Nord, avec ses racines profondes dans les traditions culturelles, spirituelles et historiques, reste une force puissante et complexe qui continue de façonner la vie de nombreuses personnes dans la région. Les rituels, les sorts et les incantations associés à la magie noire reflètent une profonde compréhension des forces invisibles qui régissent les domaines physique et spirituel. Ces pratiques, transmises de génération en génération, incarnent un mélange unique de croyances islamiques, autochtones et préislamiques, ce qui donne lieu à un système magique profondément lié à la fois au mysticisme et au pragmatisme.

Des sorts d'amour et des malédictions aux rituels de protection et à la nécromancie, la magie noire en Afrique du Nord englobe un large éventail de pratiques visant à manipuler le destin, à affecter les relations et à contrôler les forces spirituelles. Alors que certains utilisent ces sorts pour se protéger ou se soigner, d'autres exploitent leur pouvoir pour faire du mal, se venger ou même invoquer l'aide des morts. L'utilisation d'objets symboliques, tels que des os, du gravier, du sel, des bougies et des parties d'animaux, révèle le lien étroit entre les mondes naturel et surnaturel dans la pensée nord-africaine.

Malgré la nature taboue de la magie noire, elle est restée un élément vital du paysage culturel en Afrique du Nord, ancrée dans la vie quotidienne et les pratiques spirituelles de nombreuses personnes. Qu'elle soit pratiquée dans l'ombre par des sorciers, des guérisseurs et des guides spirituels qualifiés, ou invoquée par des individus cherchant des solutions à des dilemmes personnels, la magie noire continue d'exercer son influence sur la société. Il reflète le désir intemporel de l'humanité de comprendre, de contrôler et de manipuler les forces invisibles qui régissent l'existence.

Cependant, il est essentiel de reconnaître les risques et les conséquences qui accompagnent ces pratiques. La magie noire, avec son potentiel à invoquer des esprits malveillants, à maudire les autres et à perturber l'ordre naturel, peut souvent entraîner des dommages spirituels et psychologiques. En ce sens, il s'agit à la fois d'un outil d'autonomisation et d'une force pleine de dangers – quelque chose qui doit être abordé avec beaucoup de prudence et de respect.

En conclusion, les sorts de magie noire de l'Afrique du Nord ne sont pas seulement des rituels, ils sont l'expression du riche patrimoine spirituel et culturel de la région. Ils témoignent du pouvoir de la croyance et du désir humain d'influencer le monde par des forces invisibles. Que ce soit pour le meilleur ou pour le pire, la présence durable de la magie noire dans la société nord-africaine met en évidence son rôle continu dans la formation de la relation entre les vivants, les morts et les forces surnaturelles qui les habitent.

Introduction *4*

Invocation de jinn *4*

Sorts d'amour (Sihr al-Hawa) *8*

La malédiction du mauvais œil (Ayn al-Sharr) *13*

Maléfice et liaison (Sihr al-Tawarruq) *18*

Sorts de protection *23*

Rituels du chat noir *29*

Divination par les os (Divination à l'aide d'Asfour ou d'os) *34*

Breloques d'amour avec des parties d'animaux *41*

Sorcellerie au henné *47*

Magie noire pour se venger *54*

Le rituel du sang *58*

Sorts pour enlever Baraka (Bénédiction) *64*

Sort de liaison avec du sel *70*

Invocations sataniques *75*

Magie du cimetière *81*

Conclusion *87*